KB193471

말씀과 함께
하나님과 함께

# 말씀과 함께 하나님과 함께

지은이 | 유진소
초판 발행 | 2009년 2월 1일
10쇄 발행 | 2020. 2. 24
등록번호 | 제3-203호
등록된 곳 | 서울특별시 용산구 서빙고동 95번지
발행처 | 사단법인 두란노서원
영업부 | 2078-3333 FAX 080-749-3705
출판부 | 2078-3477

▮ 책값은 뒤표지에 있습니다.
ISBN 978-89-531-1121-9

▮ 편집부에서 독자의 의견을 기다립니다.
tpress@duranno.com http://www.Duranno.com

두란노서원은 바울 사도가 3차 전도여행 때 에베소에서 성령 받은 제자들을 따로 세워 하나님의 말씀으로 양육하던 장소입니다. 사도행전 19장 8-20절의 정신에 따라 첫째 목회자를 돕는 사역과 평신도를 훈련시키는 사역, 둘째 세계선교(TIM)와 문서선교(단행본 · 잡지) 사역, 셋째 예수문화 및 경배와 찬양 사역, 그리고 가정 · 상담 사역 등을 감당하고 있습니다. 1980년 12월 22일에 창립된 두란노서원은 주님 오실 때까지 이 사역들을 계속할 것입니다.

# 말씀과 함께 하나님과 함께

유진소 지음

두란노

:: Contents


Prologue **내면과 삶이 아름다워지는 QT · 06**

Part 1 **육체적 경향 vs 하나님 경향 · 12**

겉모습이 모든 것을 말해 주지는 않는다 · 14 | 경향, 흘러가는 인간의 마음 · 17 | 외부로부터의 자극이 주는 절대적 영향력 · 19 | 두 가지 경향 사이에 선 인간 · 22 | 방향에 대한 무서운 진실 · 25 | 인간에게 두 가지 경향이 공존하는 이유 · 29 | 육체적 경향에 대한 바른 관점 · 32 | '경향'의 관점으로 본 성경 · 36 | 먼저 구해야 할 것 · 55 | 경건의 연습과 그 열매 · 59 | 경건 훈련의 여러 모습과 경건의 시간 · 64

Part 2 **QT 바로 알기 · 66**

QT는 언제부터 시작되었는가? · 68 | QT의 성경적 근거 · 74 | 광야에서의 훈련 방법 · 76 | QT의 세 가지 유익 · 82 | QT의 세 가지 보너스 · 85 | QT를 잘하기 위한 5가지 요소 · 91 | 기록의 유익과 기록 방법 · 107

Part 3 **준비기도와 읽기 · 108**

QT의 주도권을 쥐신 하나님 · 110 | QT를 시작할 때 가져야 할 네 가지 마음 자세 · 113 | 준비기도, 영적 배고픔을 느끼기 위한 펴내기 작업 · 116 | 어떻게 읽을 것인가? · 124 | 어디를 읽을 것인가? · 136 | 자, 읽기 실습을 해볼까요? · 143 | 이런 방법으로도 읽어 보십시오 · 147

Part 4

## 묵상 · 154

지식으로 아는 것과 묵상의 차이·156 | 묵상이란 무엇인가 ·159 | 질문을 통해 묵상하기·163 | 씹어서 맛을 느끼는 과정·165 | 묵상을 위한 두 가지 질문·168 | 묵상의 전반부·179 | 묵상의 후반부·181

Part 5

## 적용 · 188

QT를 하면서도 열매 맺지 못하는 이유·190 | 영적 설사 증상·192 | 순간순간 생각하며 사는 삶·196 | 하나님, 이 말씀을 왜 제게 주십니까?·199 | 적용을 위한 구체적 가이드 ·203 | 적용의 3P·207 | 적용할 때 주의할 점·215

Part 6

## 나눔 · 218

나눔의 유익·220 | 나눔의 제1단계·223 | 나눔의 제2단계 ·225 | 나눔의 제3단계·228 | 나눔의 제4단계·229 | 마무리하며·232

:: Prologue

# 내면과 삶이 아름다워지는 QT

우리의 삶은 온통 경향 싸움입니다. 특히 요즈음처럼 수많은 정보가 대중매체를 통해 들어오고, 더구나 인터넷이라는 엄청난 발명품으로 인해 세상의 은밀한 유혹이 안방까지 점령하는 시대에 그리스도인으로서 살아간다는 것은 생명을 건 경향 싸움일 수밖에 없습니다.

어떻게 마음을 지킬 것인가? 어떻게 마음의 경향을 세상과 육신의 욕망이 아닌 하나님과 영적인 쪽으로 기울게 할 수 있을까? 정말 예수님이 말씀하신 대로 좋은 밭이 되어야 하는데 어떻게 우리의 마음을 갈아엎어 좋은 밭을 만들 수 있을까?

이런 고민에 대한 해답이 QT에 있습니다. 매일매일 말씀을 보면서 하나님이 주시는 영의 양식을 먹을 때 우리 마음의 경향이 하나님을 향하게 되고 좋은 열매를 맺게 됩니다. 저는 하나님의 사람들이 『말씀과 함께 하나님과 함께』를 통해 바르게 QT하고 내면이 아름다워지기를 간절히 바랍니다. 제가 확신하건대 QT를 열심히 하면 분명 내면이 달라집니다. 우리 자신을 아름답게

지킬 수 있습니다. 하나님과 동행하는 삶을 살 수 있습니다.

실은 저 역시 QT하기가 쉽지 않았습니다. 저의 QT 역사는 대학 시절로 거슬러 올라갑니다. 군복무를 마치고 복학한 후 맘먹고 청년부를 열심히 섬길 때였습니다. 그 당시 제가 다니던 교회 청년부에 새로운 전도사님이 부임하셨는데, 이분은 선교 단체에서 은혜를 받고 훈련받은 분이었습니다. 첫 대면에서 이미 감을 잡았지만, 그분은 대단한 열정의 소유자였고 그 열정으로 우리 청년부 리더들을 거의 초죽음이 되도록 밀어붙였습니다. 그 가운데 가장 힘든 것이 매일 성경의 일정 부분을 읽고 그 소감을 노트에 쓰는 것이었습니다. 그것이 일종의 QT인 줄은 나중에 알았는데, 여하튼 그 당시에는 정말 힘든 숙제였습니다. 초등학교 시절에도 숙제를 거의 하지 않았던 저로서는 특히 힘든 일이었습니다. 게다가 저는 어쩌다가 큼지막한 노트를 고르는 바람에 그 공간을 다 채우려니 한숨만 푹푹 나오는 나날이었습니다.

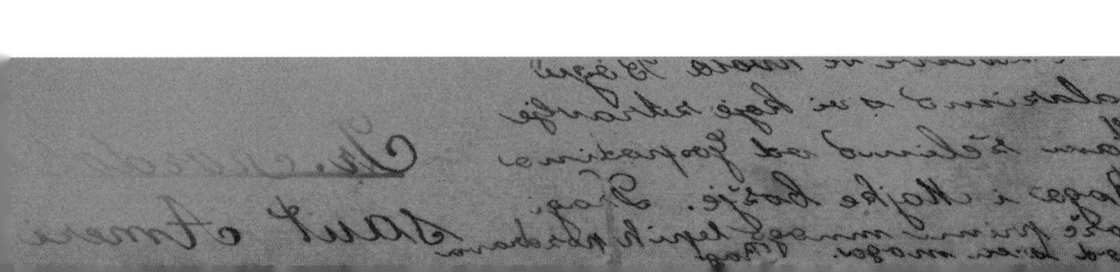

무엇을 써야 할지 모르는 상황에서 적용까지 쓰다 보니 날마다 똑같은 이야기가 반복될 수밖에 없었습니다. 저에게 주시는 하나님의 말씀을 제대로 받지 못하는 형편이었기에 아무리 쥐어짜도 적용 내용은 겨우 일기 수준이었습니다. 그래도 그 전도사님의 열정에 감동된 바가 있어서 거의 1년간을 빼먹지 않고 QT했던 적이 있습니다.

그러나 지금 생각해도 너무나 안타까운 것은 제 QT의 첫걸음이 이렇게 고난의 이미지였다는 것과, 그러면서도 그것이 QT인지도 몰랐다는 사실입니다. 그 전도사님을 무척 존경하지만 QT가 무엇이고 어떻게 하는 것인지 자세히 가르쳐 주지 않고 무조건 QT를 강요한 것은 천국에나 가야 용서될 일(?)인 것 같습니다. 좀 더 체계적으로 배우고 이해한 뒤 QT를 했으면 아주 좋은 영적 출발이 되었을 텐데 말입니다.

그러다가 신학교를 가고 전도사가 되어 어느 교회의 중고등부를 맡게 되면서 QT와의 스쳐 지나가는 만남이 한 번 더 있었습니다. 여름 수양회에 갔는데 교사 중에 한 사람이 캠퍼스 선교 단체에서 배운 QT를 학생들에게 가르치고 싶다고 한 것입니다. 제가 솔직하게 QT가 무엇인지 묻든가 그 선생님 강의를 열심히 들었더라면 QT를 제대로 배웠을지 모릅니다. 그런데 그 놈의 자존심 때문에 QT의 철자도 모르면서 아는 척하며 얼버무리

고, 궁금하면서도 강의에 들어가지 않고 바깥에서 버티는 바람에 QT는 제 곁을 그냥 그렇게 스쳐 지나가고 말았습니다.

하지만 좋으신 하나님께서 제 영혼에 좋은 것을 그렇게 흘려보내게 하실 분이 아니지 않습니까? 1991년 말, 서울 온누리교회에 부교역자로 오면서 QT와의 결정적인 만남이 이루어지게 되었습니다. 부임하자마자 매주일 새 교우반에서 'QT의 실제'를 강의하게 된 것입니다. 이론도 아니고 실제를 말입니다! QT의 철자도 제대로 모르는 사람이 강의를 맡았으니 앞이 캄캄했습니다. 그렇지만 안 한다거나 못 한다고 말할 수 없었습니다. 그 당시 온누리교회에서는 QT를 안 하면 신령한 성도의 반열은커녕, 인간 축에도 못 끼는 분위기였기 때문입니다.

그래서 이 책 저 책을 뒤져보고 테이프도 들으며 강의 준비를 했는데, 그때 제일 많이 참고한 것이 라채광 목사님의 『큐티가 어려우십니까?』라는 책이었습니다. 그런데 성경 연구도 아니고, 설교도 아니고, 일기도 아닌 것이 참 어려웠습니다. 무엇보다 가장 어려운 것은 매일 해야 한다는 것이었습니다. 하지만 매주일 강의를 해야 했기 때문에, 시쳇말로 먹고 살기 위해서 열심히 하지 않을 수가 없었습니다. 의지만 가지고 했더라면 아마 얼마 하다가 그만두었을 것입니다.

그렇게 억지로라도 매일 QT하는 가운데 어느 순간 석류가 툭

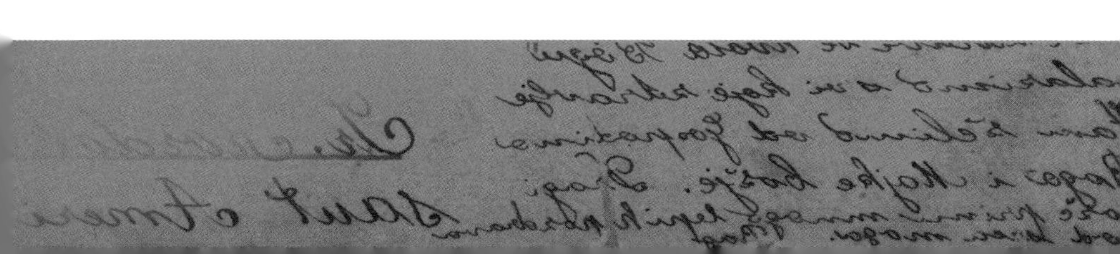

터지듯이 진짜 QT가 되기 시작했습니다. 그날 주신 성경 말씀 가운데서 저의 가슴을 울리고 저의 내면을 뒤흔들며 변화시키는 '나에게 주시는 하나님의 말씀'을 받게 되고, 그것이 저의 삶을 조명하면서 회개가 되고 때로 격려와 위로도 받는 그런 역사들이 많이 일어나게 되었습니다. 그러면서 QT의 재미와 소중함을 알게 되었고, 나아가 영적인 갈망까지 갖게 되었습니다. 완전 초보였던 저는 1년 반을 억지로 'QT의 실제' 강의를 한 덕분에 QT가 제 영성 생활의 한복판에 아주 굳건히 자리 잡게 되었습니다. QT가 제 내면을 바꾸고 제 삶과 사역을 바꾸었습니다. QT를 하면서 삶의 중대한 결정을 내릴 수 있었고, 마음을 뒤흔드는 영적 전쟁을 승리로 이끌 수 있었습니다. 내적인 치유가 일어난 순간들도 셀 수 없이 많았습니다. QT는 정말 저의 삶을 붙잡는 하나님의 손길이었습니다.

결과적으로 QT가 무엇인지도 모르던 제가 이렇게 성공적으로 QT 생활을 할 수 있게 된 것은 순전히 하나님의 전적인 맞춤 훈련 방법 때문이었습니다. 청년 시절 전도사님을 통해 1년간 받았던 그 훈련부터 시작해서, 그냥 곱게 말해서는 안 할 것 같으니까 'QT의 실제' 강의를 1년 반 동안 맡기신 하나님의 그 무지막지한 훈련의 결과였습니다.

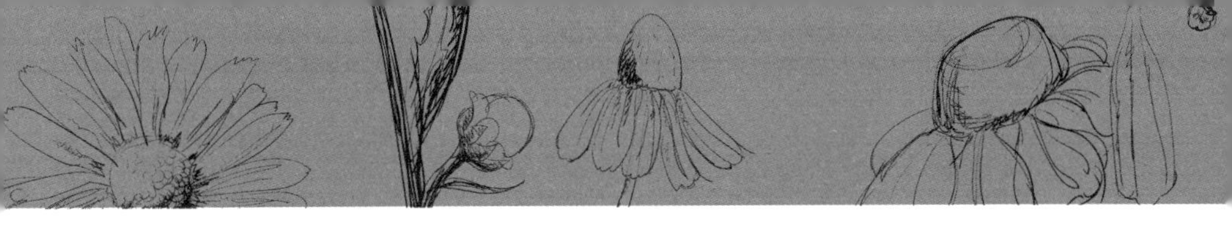

QT는 쉽지 않습니다. QT가 무엇인지 깨닫고 지성소가 열리는 경지까지 가는 것도 힘들지만, 꾸준히 생활화하는 것이 정말 쉽지 않습니다. 그러나 제대로 배우고 열심히 하면 그 영적인 유익은 다른 어떤 것과도 비교할 수 없습니다.

이 책은 성도들이 QT의 유익을 얻는 데 도움을 주고 싶어서 쓴 것입니다. 쉽지 않은 QT를 잘 배우고 열심히 할 수 있도록 동기 부여를 하기 위해 쓴 것입니다. 이 책을 만드는 데 땀 흘리는 수고를 아끼지 않은 많은 사람들의 기대대로 이 책을 통하여 그 내면과 삶이 아름다워지는 사람들이 많았으면 좋겠습니다.

2009년 1월

유진소

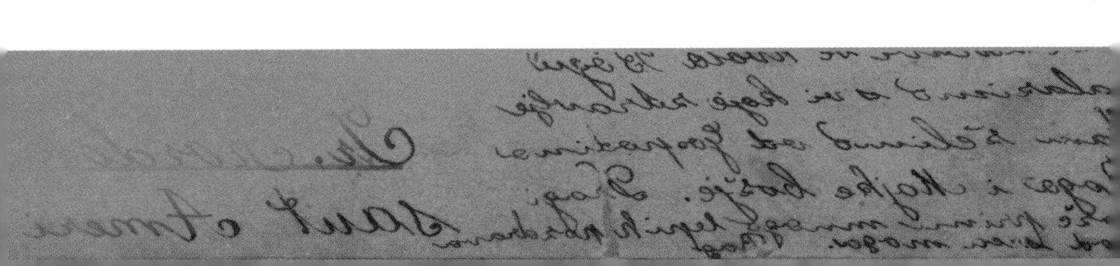

# Part 1

우리가 왜 경건 훈련을 하며 QT를 해야 하는가 할 때

가장 기본적인 단어가 바로 '경향'입니다.

이 경향에 민감해야 경건 훈련을 받을 이유가 생깁니다.

*quiet time for beautiful life*

# 육체적 경향 vs 하나님 경향

겉모습이 모든 것을 말해 주지는 않는다 | 경향, 흘러가는 인간의 마음 | 외부로부터의 자극이 주는 절대적 영향력 | 두 가지 경향 사이에 선 인간 | 방향에 대한 무서운 진실 | 인간에게 두 가지 경향이 공존하는 이유 | 육체적 경향에 대한 바른 관점 | '경향'의 관점으로 본 성경 | 먼저 구해야 할 것 | 경건의 연습과 그 열매 | 경건 훈련의 여러 모습과 경건의 시간

quiet time for beautiful life

# 겉모습이 모든 것을 말해 주지는 않는다

제가 서울 온누리교회에 전도사로 처음 찾아갔을 때의 일입니다. 교역자 사무실에 들렀는데, 그 당시 교역자실은 지하에 있었습니다. 그때만 하더라도 교인이 3천 명 정도 되고 교역자는 15–20명밖에 안 되던 시절이었습니다. 그래서 교역자들은 지하에 있는 큰 방 하나를 배정받고 대기업 사무실마냥 놓인 책상에서 일을 했습니다. 그때 그 방에는 저와 저보다 몇 년 먼저 부임하신 선배 목사님만이 자리를 지키고 있었습니다.

그런데 갑자기 교역자실 문이 열리는가 싶더니 어떤 사람이 들어와서는 두리번두리번 하는 것이었습니다. 한눈에 보니 행색이 노숙자였습니다. 저는 '지나가던 거지가 들어왔구나' 생각했습니다. 야위고 병색이 완연한 것이 돈 달라고 온 사람이 분명했습니다. 저는 순간적으로 주머니에 손을 넣었습니다. 평소 같으면 안 주지만 '이럴 때 교회 안에 들어온 거지에게 돈을 줘야 교인들의 귀감이 되지' 하는 생각에 주머니를 뒤지는데 5백 원짜리

동전이 잡혔습니다.

막 일어나 돈을 꺼내어 주려고 하는데 갑자기 느낌이 좀 이상했습니다. '어떻게 걸인이 이곳까지 들어왔나' 하는 의구심이 들었습니다. 교회 안내실이 1층에 있어서 누구든 반드시 그곳을 통과해야 하고, 대개 그런 사람들은 거기서 다 돌려보냈기 때문입니다. 그런데 '어떻게 지하실까지 왔나' 궁금했습니다. 그때 성령님이 말려 주셨으니 망정이지 정말 큰일 날 뻔했습니다. 꺼내던 돈을 다시 넣으면서 멈칫거리고 있는데, 뒤돌아 앉아 있던 선배 목사님이 일어나더니 "아이고, 집사님 웬일이십니꺼?" 하는 게 아니겠습니까? 그 순간 돈이 쑥 들어갔습니다.

알고 봤더니 그분은 꽤 튼튼한 중소기업을 운영하는 사장님이었는데, 이름만 대면 누구나 알 수 있는 유명한 재벌 아들이었습니다. 그날은 새로 온 교역자들에게 점심을 사 주려고 방문하던 차였습니다. 그런 분에게 5백 원 주면서 보태 쓰라고 했으면 얼마나 웃겼겠습니까? 갑자기 식은땀이 쫙 나면서 아찔했습니다. 지금 생각해도 역시 아찔합니다.

그날 느낀 사실이 바로 '사람은 겉으로 봐서는 모른다는 것'이었습니다. 처음엔 정말 '어떻게 사장님이고, 예수 믿는 사람 몰골이 그러냐' 싶었습니다. 젊을 때는 유흥가를 돌아다니거나 골프를 치면서 하루 저녁에 집 한 채 값에 해당하는 용돈을 쓰기도 했다는데, 어느 날 예수를 만나 삶이 완전히 뒤집혔다고 했습니다. 방탕했던 흔적이 아직도 남아 몰골이 그렇지 실제로는 아주 신실하고 좋은 집사님이었습니다.

정말 사람은 겉모습만 봐서는 모릅니다. 겉과 속이 완전히 다른 경우가 많습니다. 굉장히 괜찮은 사람 같은데 내면은 엉망인 사람도 있고, 겉으로 봐서는 정말 아니올시다인데 속이 진국인 사람도 있습니다. 겉은 조폭 스타일인데 마음 씀씀이가 부드러운 사람이 있는가 하면, 반대로 외모는 부드러운데 성품이 거친 사람도 많습니다. 어쨌든 세상에는 참 여러 모양의 사람들이 있습니다. 그런데 그 여러 모양이라는 것이 외모만 가지고 하는 얘기는 아닙니다. 사람의 특징은 외모보다는 내면에 훨씬 좌우되기 때문입니다. 그러므로 겉사람만 보고는 평가할 수 없습니다.

앞에서 언급한 그 집사님은 옛날의 방탕한 생활 때문에 외모는 거칠었지만 속은 완전히 바뀐 새사람이었습니다. 나중에 교제해 보니 그렇게 진실한 그리스도인도 없을 정도였습니다. 사실 예수를 믿어도 외모는 그렇게 빨리 바뀌지 않습니다. 하지만 생각보다 내면은 빨리 바뀝니다. 사람의 특징은 내면에 달려 있는데 내면은 외모보다 빨리 바뀝니다. 그래서 새사람이 되는 것이 가능합니다.

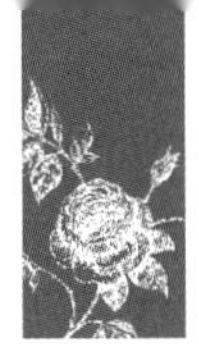

quiet time for beautiful life

# 경향, 흘러가는 인간의 마음

마음은 액체와도 같습니다. 어딘가로 왔다 갔다 하며 흐릅니다. 유동성(流動性)이 있습니다. 인간의 마음이 고체와 같다면 안 변할 것입니다. 하지만 마음은 항상 어딘가로 흘러가고, 담기는 그릇에 따라 모양이 달라집니다. 그래서 사람은 열 번도 바뀔 수 있습니다.

그러므로 어떤 사람에 대해 "저 사람 나쁘다"라고 말해서는 안 됩니다. 현재 상태만을 정확히 짚어서 "지금은 나쁘다"라고 해야 합니다. 언젠가 좋아질 수 있다 해도, 현재 나쁜 건 나쁜 거니까 말입니다. 반대로, "저 사람 좋은 사람이야"라고 하는 것도 금물입니다. 차라리 "지금은 좋다. 그러나 모른다" 혹은 "좋을 때도 있어"라고 말하는 게 낫습니다. 사람은, 특히 그 마음은 언제 어떻게 변할지 모르기 때문입니다.

물론 겉모습도 함부로 속단할 수 없는 대상이지만, 사람의 속은 진짜 알기가 어렵습니다. "유 목사 저 사람 믿을 만하다."

이렇게 말하면 큰일 납니다. "아, 그래. 김 집사님 사람 참 좋아." 천만의 말씀입니다. 착각입니다. 단정적으로 누군가를 이렇다 저렇다 평가하고 재단하는 것은 사실 위험한 일입니다. 마음은 늘 왔다 갔다 하며 흐르기 때문에, 지금은 나쁘지만 언젠가는 좋아질 수도 있고 또 지금은 좋지만 나빠질 수도 있어서입니다. 알 수 없는 게 인간의 마음입니다.

저의 내면을 들여다봐도 그렇습니다. 늘 하나님을 사랑하며 정말 좋은 사람으로 살려고 애쓰면서도 속에는 쓰레기가 있는 걸 종종 발견하게 됩니다.

마음은 밀물처럼 밀려왔다가 또 썰물처럼 쫙 빠져 버리기도 합니다. 컨디션이 좋고 기분이 좋을 때는 "너만을 사랑해" 하다가도 조금만 수틀려도 철천지원수로 돌변해 버립니다.

우리 마음이 이렇게 왔다갔다 흐른다고 할 때, 이 흐름을 전문용어로 '경향'(Inclination)이라고 합니다. 모든 사람은 마음에 경향이 있습니다.

QT하면서 이 '경향'을 꼭 기억해야 합니다. 굉장히 중요한 단어입니다. 이 단어를 잊어버리면 QT에 대한 동기가 사라져 버립니다. 우리가 왜 경건 훈련을 하며 QT를 해야 하는가 할 때, 가장 기본적인 단어가 바로 '경향'입니다. 이 경향에 민감해야 경건 훈련을 받을 이유가 생깁니다.

quiet time for beautiful life

# 외부로부터의 자극이 주는 절대적 영향력

그러면 이 경향은 어떻게 해서 변하는 것일까요? 경향은 그냥 혼자서 왔다 갔다 하는 것이 아니라 밖에서 오는 어떤 자극과 영향에 따라 움직입니다. 아무런 자극도 없는데 괜히 혼자 변하는 것이 아닙니다. 물론 혼자 변하는 사람도 있습니다. 어떤 여자 분들은 동일한 상황에서도 1초마다 한 번씩 기분이 왔다 갔다 하기도 하나 봅니다. 그렇지만 대부분의 경우, 경향은 밖에서 오는 자극이나 영향에 따라 변합니다.

한 가지 예를 들어 보겠습니다. 어느 날 집에 들어가 보니 제 아내가 차인표가 나오는 TV 드라마를 보고 있었습니다. 〈사랑을 그대 품에〉라는 드라마였는데, 재방송 몇 편을 연속해서 보고 있었습니다. 평소에는 기도 열심히 하던 사람이 드라마에서 눈을 떼지 못하고 낭만적 무드에 완전히 빠져 있었습니다. 차인표의 연인이 되어 그와 함께 데이트 중이었습니다. 그러는 중에 제가 밥을 달라고 하자 아내의 얼굴에 귀찮아하는 표정이 역력

했습니다. 그래서 "꿈 깨! 지금 착각하고 있는 모양인데 차인표 상대역은 신애라지 당신이 아니야"라고 한마디 해 주었습니다. 그러자 제발 비켜 달라고 하면서, 저를 보더니 비교된다고 놀리는 것이었습니다. 사람이 이렇게까지 달라질 수 있다는 걸 그때 알았습니다.

자꾸 어떤 것을 접하다 보면 우리 마음은 그쪽으로 쏠리게 되어 있습니다. 밖에서 주어지는 자극에 따라 마음이 움직입니다. 연애 소설이나 무협 영화, 폭력적인 비디오를 본 다음에 마음이 어떤 생각으로 꽉 차던가요? 드라마를 몇 시간이고 보다 보면 정말 그 세계에 빠져 한동안 헤어 나오지 못합니다.

저는 세상을 이해한다는 명분으로 소설을 자주 보는 편인데, 주로 비행기를 타고 동부와 서부로 이동할 때 많이 봅니다. 그런데 한 권의 소설을 다 읽은 뒤 비행기에서 내릴 때가 되면 제 자신이 완전 딴 사람이 되어 있는 것을 보게 됩니다. 언젠가 『다빈치 코드』를 읽다가 하마터면 신앙을 잃어버릴 뻔하기도 했습니다. 불신앙적인 책을 읽다 보면 자기도 모르는 사이에 그쪽 방향으로 가고 있는 것을 발견합니다.

특히 청소년들의 경우, 그들이 듣는 음악, 그들이 보는 영상물이나 책이 무엇인가를 알면 그들이 어디로 가는지 알 수 있습니다. 처음부터 그런 아이들이어서 그런 세계에 빠져 있는 게 아니라 자꾸 접하다 보면 그렇게 되는 것입니다. 계속 폭력물에 노출되면 이 세상이 폭력적으로 보입니다. 그래서 말로 해도 될 일도 폭력적으로 해야 직성이 풀립니다. 에로틱한 영상을 많이 보면 남녀관계를 주로 그런 시각에서 바라보게 됩니다.

이렇듯 어떤 강력한 외부의 자극에 따라 쏠리는 것이 바로 '경향'입니다. '내 마음 나도 몰라'가 아닙니다. 밖에서 어떤 자극이 들어오기 때문에 경향이 바뀌는 것입니다. 로맨틱한 것을 보면 로맨틱해지고, 음란한 것을 보면 음란한 생각에 사로잡히게 됩니다. 자꾸 야한 농담이 나온다는 것은 경향이 그리로 갔다는 것을 의미합니다.

그런데 좋은 성가곡을 듣거나 감동적인 설교를 들었을 때 우리 마음은 어떻습니까? 선한 생각을 하게 되고 부드러워집니다. 손을 들고 찬양 드리고 있을 때, 또 마음에 절실히 와 닿는 설교를 듣고 "아멘!" 했을 때의 우리 마음은 성령이 지배하십니다. 마음속에 성령이 충만할 때는 옆 사람만 봐도 은혜스러워서 "형제님", "자매님!"을 부르며 너무도 반가워하게 됩니다. 이처럼 마음의 경향은 밖에서 어떤 자극이 들어오느냐에 따라 달라집니다. 설교를 많이 듣고 간증집을 많이 읽는 게 중요한 이유가 바로 이것입니다. 마음은 어느 쪽으로든 움직여야 하기 때문입니다. 자꾸만 한 쪽으로 길들이다 보면 그에 대한 반응도 빨라질 뿐더러 마음도 그리로 가게 되어 있습니다.

# 두 가지 경향 사이에 선 인간

성경은 우리 내면의 경향을 두 가지로 나눕니다. 그런데 우리의 마음이란 게 어디 두 가지밖에 없겠습니까? 우울한 마음, 기쁜 마음, 조용한 마음, 게다가 '내 마음 나도 몰라'까지 하면 몇 가지입니까? 그리고 어떤 때는 이 생각, 저 생각 수도 없이 많은데 왜 두 개밖에 없다고 말하는 걸까요?

갈라디아서 5장 17절에 "육체의 소욕은 성령을 거스리고 성령의 소욕은 육체를 거스리나니 이 둘이 서로 대적함으로 너희의 원하는 것을 하지 못하게 하려 함이니라"고 기록되어 있습니다.

여기서 분명히 두 가지의 '소욕'(Desire), 즉 두 가지 욕구가 있다고 했습니다. 하나는 육체의 소욕이고, 또 하나는 성령의 소욕입니다. 소욕은 경향과 같은 말입니다. 이처럼 성경은 우리 내면에 두 가지 경향이 있다고 분명히 얘기하고 있습니다.

그러면 성경은 무슨 근거로 인간의 마음을 두 가지로 나누는 걸까요? 그것은 우리 내면을 방향의 측면에서 보기 때문입니다.

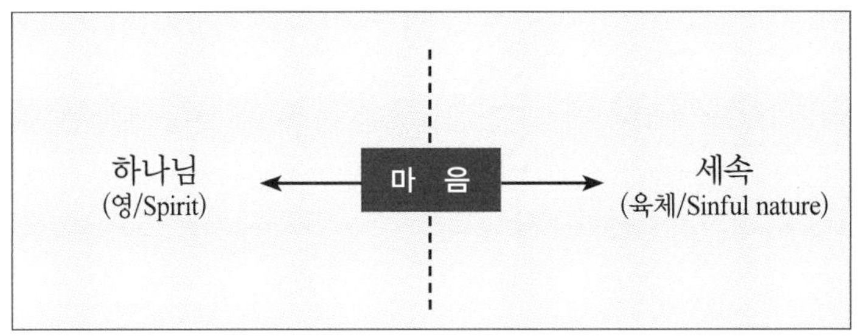


엄격히 말해서, 우리 내면에는 두 방향의 마음만 있습니다. 이쪽 아니면 저쪽입니다. 육체의 소욕이냐 성령의 소욕이냐, 이 둘 중 하나입니다. 기가 막힌 통찰력입니다.

마음의 방향이 바로 '경향'입니다. 내면의 소욕이 곧 '경향'입니다. 그런데 이 방향에 민감한 것이 중요합니다.

서울에서 출발하여 부산으로 가는 기차가 수원쯤 와 있다고 합시다. 위치상으로 보면 서울에 가깝습니까, 부산에 가깝습니까? 물론 서울입니다. 하지만 다들 이 열차를 부산행 열차라고 부릅니다. 반대로, 부산에서 출발해서 대구쯤 왔다고 합시다. 위치상 부산에 가깝지만 이 열차는 엄연히 서울행 열차입니다. 중요한 건 방향이지 위치가 아닙니다. 지금 어떤 방향을 향해 서 있느냐가 중요합니다. 아무리 목사나 장로라 할지라도 그 방향이, 그 마음의 관심사나 흐름이 세상으로 가 있으면 그는 세상적인 사람입니다. 하지만 교회 나온 지 얼마 안 되어도 그 마음

이 하나님을 향해 있다면 그는 하나님의 사람입니다. 어떤 자리에 얼마나 익숙한가는 중요하지 않습니다. 그 마음이 어디를 바라보고 있느냐가 관건입니다.

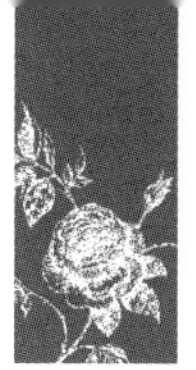

quiet time for beautiful life

# 방향에 대한 무서운 진실

우리 마음은 육체(세속) 쪽으로 가거나 하나님 쪽으로 가거나 둘 중 하나입니다. 개중에는 아예 시종일관 줄기차게 하나님 쪽으로 가는 사람이 있습니다. 아침부터 저녁까지 하나님만 생각하고, 예수님을 빼 놓고는 보이는 게 거의 없는 그런 사람도 있습니다. 반대로, 어떤 사람은 아예 노골적으로 세속만 추구합니다. 생각하는 것이 매사에 다 그쪽인 사람이 있습니다.

하지만 두 극단에 속하지 않는 경우가 대부분입니다. 우리 가운데는 세상적인 생각도 약간 하지만 하나님 생각을 더 하는 사람이 있습니다. 얼핏 보기에는 확실한 편향을 보이지 않지만, 딱 잘라 보면 하나님 방향인 사람입니다. 혹은 교회당에 앉아 있지만 앞 사람 옷에만 신경을 쓰는 사람도 있습니다. 이런 사람은 하나님을 향한 경향도 조금 있지만 결론적으로는 세상적인 방향으로 가고 있는 사람입니다.

그런데 일관되게 하나님만 섬기다가 어느 날 갑자기 인간적이

고 육적인 데로 방향을 돌릴 수가 있습니다. 그동안 열심히 하나님 방향으로 쌓아 놓은 것이 있으니 아무리 세상 쪽으로 가더라도 양방향의 가운데쯤에는 와 있지 않을까 생각할 수 있는데, 그렇지 않습니다. 언제 그랬냐는 듯이 하루아침에 하나님을 등져 버릴 수가 있습니다. 방향은 저축이 안 됩니다. 돌이킨 그 자리에서 끝나 버립니다. 영적인 세계에서는 그렇습니다. 의인이 뒤집혀 불의한 자가 되는 것은 순식간입니다. 방향이 이렇게 무서운 것입니다.

저는 가끔 제가 목사라는 직업을 가진 걸 후회할 때가 있습니다. 하던 가락으로 우려먹을 수가 없어서입니다. 영적 세계에는 하던 가락이라는 것이 없습니다. 오래 해서 익숙한 것이 안 통합니다. 할수록 힘들고 어렵습니다. 저축이 안 되기 때문입니다. 한순간만 주님에게서 눈을 떼면 딴 사람이 되어 버립니다. 그래서 끝없이 주를 바라보아야 합니다. 매일 바라보아야 합니다.

반대로, 끝없이 세상으로 가던 사람도 서 있는 그 자리에서 방향을 돌려 주님을 바라보면 거기에 길이 생깁니다. 돌이키려고 하면 다시 가운데까지 올 필요가 없습니다. 죄 많은 세리도 눈물로 하나님께 기도하면 바로 의인이 되었습니다. 의인 과 죄인이 따로 있다는 생각은 헬라적인 개념입니다. 성경적 사고는 관계적 사고입니다. 하나님과의 관계가 바르면 의로운 사람입니다. 그러므로 가다가 방향이 잘못됐다 싶으면 고민할 것 없이 얼른 돌이키면 됩니다. 우리는 행위가 아니라 하나님 은혜로 의인이 됩니다.

이처럼 방향이라는 개념으로 볼 때 마음은 두 가지밖에 없습니다. 하나님 쪽으로 가든지, 육 쪽으로 가든지 말입니다. 그런데 많은 경우 사람들은 이 두 방향 사이에서 왔다 갔다 합니다. 어떤 사람은 하나님 쪽으로 간다고는 하는데 세속 쪽으로 많이 기울어져 있습니다. 그것을 깨닫고 '아차!' 싶어 말씀을 열심히 읽고 은혜를 많이 받으면 다시 하나님 쪽으로 조금 더 가는 것입니다.

혹은 이런 재미있는 경우도 생각해 볼 수 있습니다. 열심히 QT하고 말씀 읽고 찬양해서 하나님 쪽으로 제법 많이 온 사람이 어느 날 '요즘 너무 많이 이쪽으로 온 것 같아. 이러다가는 큰일 나겠다. 이러다가 선교사로 나가는 거 아냐? 잘못하면 이 생활이 습관 되겠다'는 생각이 슬슬 들기 시작하는 것입니다. 그래서 그쯤에서 잠깐 휴식을 선언하고 세상 쪽으로 가게 되었다고 합시다. 이 사람은 아직도 하나님 가까운 쪽에 서 있는 것이겠지요? 아니오, 아닙니다. 돌아선 그 지점에서 기준점이 다시 설정되기 때문에, 지금까지 갔던 것은 다 무효가 됩니다. 그래서 "선 줄로 생각하는 자는 넘어질까 조심하라"(고전 10:12)는 것입니다.

아무리 경건한 사람이라 할지라도 그 반대 방향으로 가는 데는 시간이 걸리지 않습니다. 바로 그 자리에서 돌아서면 그만입

니다. 한순간입니다. 목사인 저도 신령하게 메시지를 전하다가 어느 순간 넘어질 수 있습니다. 잘 가다가 갑자기 '내가 오늘 왜 이렇게 메시지를 잘 전하지' 하게 되면 그 자리에서 넘어지는 겁니다. 그러므로 우리는 언제나 조심해야 합니다.

반드시 기억해야 할 것이 있습니다. 성경에 따르면, 하나님 쪽으로 가는 것은 굉장히 어려운 일입니다. 노력이 필요한 일입니다. 왜냐하면 우리는 본성상 그 반대쪽에 속해 있기 때문입니다. 세상 쪽으로 가는 데는 훈련이 필요 없습니다. 여태까지 '죄짓기 세미나'라는 것은 들어 본 일이 없습니다. "삼 일 만에 확실히 죄짓게 해 드립니다"라는 선전도 못 보았습니다. 세미나 안 해도, 훈련 안 받아도 인간은 가만히 두면 저절로 다 그 방향으로 가기 마련입니다. 하지만 하나님 쪽으로 가려면 그 방향으로 자신을 당겨야 합니다. 엄청나게 노력하고 훈련받아야 합니다. 사실 그렇게 훈련해도 갈까 말까입니다. 하나님 쪽으로 가는 길은 좁고 세속 쪽은 넓어서 자동으로 그 방향으로 가게 되어 있기 때문입니다.

이러한 방향의 측면에서 최근에 자신이 어느 방향으로 더 갔는지 자기 마음의 궤적을 그려 보십시오.

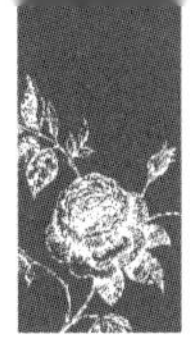



# 인간에게 두 가지 경향이 공존하는 이유

우리가 두 방향 사이에서 갈등하게 된 까닭은 하나님의 창조 사건으로까지 거슬러 올라갑니다. 사람은 무엇과 무엇을 결합해 만든 존재입니까? 창세기 2장 7절을 보십시오.

"여호와 하나님이 흙으로 사람을 지으시고 생기를 그 코에 불어넣으시니 사람이 생령이 된지라."

여호와 하나님께서 흙으로 사람을 지으셨다고 할 때, 이것은 흙을 빚어 도자기 굽듯 구웠다는 것이 아니라 세상의 모든 원소를 뽑아서 사람을 만들었다는 뜻입니다. 그런데 흙으로 지은 자체가 사람은 아니었습니다. 그냥 몸(Body)이었습니다. 몸만 가지고는 사람이라 할 수 없습니다. 하나님은 사람뿐만 아니라 각종 동물도 흙으로 지으셨습니다. 창세기 2장 19절을 보면 "여호와 하나님이 흙으로 각종 들짐승과 공중의 각종 새를 지으시고"라고 했습니다. 그러니까 인간과 동물은 몸으로만 보면 똑같다는 것입니다.

하지만 사람이 사람 되기 위해서 필요한 것이 또 있었습니다. '하나님의 호흡', 곧 생기입니다. 이것이 영(Spirit)입니다. 하나님이 이것을 불어 넣자 사람은 비로소 'Living Being'(생령)이 되었습니다. 이렇게 사람은 만들어질 때부터 세상의 원소들로 빚어진 몸과 하나님의 호흡이라는 두 가지로 이루어졌습니다. 애초부터 두 가지가 결합되어 있는 존재로 이 세상에 나왔습니다. 바로 여기서부터 '경향' 문제가 나오는 것입니다.

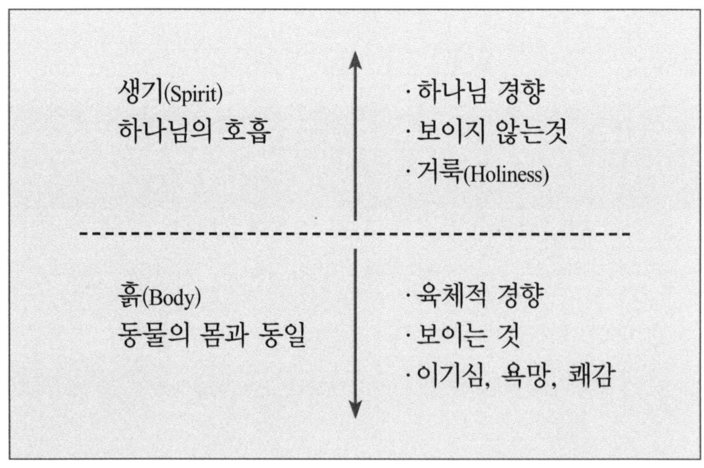


사람 안에 '하나님의 생기'와 '흙'이 공존하기 때문에 우리는 두 가지 경향 사이에서 왔다 갔다 하는 것입니다. 하나님 경향으로 갈 것인가, 육체의 경향으로 갈 것인가 갈등합니다.

하나님 경향은 보이지 않는 하나님을 찾아가는 경향입니다. 하나님은 영이시므로 보이지 않습니다. 그리고 하나님 경향은 거룩을 추구합니다. 하나님은 깨끗하지 않으면 볼 수 없습니다.

반면, 흙이 물리적인 세계이듯 육체적 경향은 '보이는 것'을 추구합니다. '보이는 것'이 '보이지 않는 것'보다 좋다고 생각하는 모든 경향은 육체적 경향입니다. 육체는 뭔가를 봐야 하고, 보이는 것을 항상 중요하게 생각합니다. 신앙을 갖더라도 체험적 신앙으로 치우치기가 쉽습니다. 그러나 '보이는 것은 보이지 않는 것으로 말미암았다'는 것을 기억해야 합니다.

# 육체적 경향에 대한 바른 관점

육체적 경향에는 세 가지 특징이 있는데, 그것은 이기심과 욕망, 쾌감입니다. 이기심, 욕망, 쾌감, 이 자체에서 나쁜 건 하나도 없습니다. 이런 것들은 우리 몸이 유지되도록 하나님이 넣어 주신 욕구들입니다. 만약 하나님께서 육체에 이기심을 넣어 주시지 않았다면 이 몸뚱이는 존재하기 힘듭니다. 이 세 가지가 있기 때문에 우리 몸이 보호됩니다. 우리는 추우면 세상없어도 입어야 하고 더우면 벗어야 하며 배고프면 먹어야 합니다. 식욕, 수면욕, 성욕 같은 각종 욕구들이 만족되어야 몸이 유지 됩니다.

이기심을 예로 들어 볼까요? 부부 간에도 잠자리에 들 때 처음에는 "당신 덮어" 하면서 이불을 서로 덮어 주지만, 일단 잠들면 옆 사람이 얼어 죽거나 말거나 그저 자기만 똘똘 말고 자게 됩니다. 그것도 힘센 사람이 이불을 더 많이 가져갑니다. 그러다가 정신이 들면 다시 상대방을 덮어 줍니다. 잠이 든 순간에는 하나님의 자동 시스템만 남아서 자기 몸만 돌보게 되기 때문입니다. 이 경우 이기심은 우리 몸이 살기 위한 방편입니다. 악한 것이 아닙니다.

욕망도 마찬가지입니다. 욕망이 없으면 어떻게 아이를 낳을 수 있습니까? 자녀를 낳은 사람들 중에서 "재미는 없지만 생산을 위해 작업에 들어가도록 합시다" 하고서 아이를 낳은 사람이 누가 있습니까? 성적인 욕망을 통해 하나님이 자녀를 낳게 하셨습니다.

또 밥 먹는데 쾌감이 없다면 누가 밥을 먹겠습니까? 먹는 데 쾌감이 있고 잠자는 데 쾌감이 있으니까 우리가 다 먹고 자는 것입니다. 수면욕, 식욕 등 각종 욕구들은 이 육체를 유지하도록 하기 위한 하나님의 디자인입니다.

'보이는 것' 중심인 것도 그 자체가 나쁜 것은 아닙니다. '보이는 것'에 반응해서 어떤 욕구를 느껴야 우리 몸이 비로소 움직이기 때문입니다. 하나님이 우리에게 욕망을 주신 것은 육체를 움직이게 하기 위함입니다. 그렇다면 욕구나 쾌감이 그 자체로 악한 것이 아니라면 도대체 뭐가 문제라는 것입니까?

하나님께서 원래 의도하신 질서는 하나님의 경향인 영이 인간에게 감동을 주면 그 받은 감동을 가지고 육체를 조절하면서 사는 것입니다. 하나님에게서 메시지가 오면 그것을 받아서 육체적 경향을 통제하며 삶을 유지하도록 하셨습니다. 그렇게 살면 의로운 사람입니다.

그런데 자아가 커지면서 인간은 스스로 하나님을 거부하기 시작했습니다. 선악과를 따먹은 사건은 단순히 그것을 먹었다는 데 문제가 있는 것이 아닙니다. 이것은 하나님을 거부한 사건입니다. 하나님처럼 되겠다고 하는 인간의 교만이 문제였습니다.

그럼으로써 하나님 경향은 인간에게서 잘라져 나가고 육체적 경향만이 남게 되었습니다. 그래서 하나님을 모르는 사람의 영은 죽어 있습니다. 영적 코마(Coma, 혼수) 상태입니다. 영이 제대로 작동하지 않아 하나님 음성을 듣지 못합니다. 그 잠든 영혼을 깨우는 것은 성령님밖에 없습니다. 성령님이 잠든 영혼을 깨울 때 역사가 일어나기 시작합니다.

하나님의 경향이 아담과 하와의 범죄로 차단되고 육체적 경향만 남게 되자 이제 이기심, 욕망, 쾌감은 몸을 넘어서 인격까지 지배하게 되었습니다. 이 세 가지는 몸을 움직이는 데까지만 작동해야 합니다. 그런데 인격 자체가 이제는 이기심과 욕망과 쾌감으로 움직이며 악한 방향으로 가게 되었습니다. 그래서 성경은 '본성'(Nature)이란 말을 쓰지 않고 '죄 된 본성'(Sinful nature)이라는 말을 사용합니다. 본성 자체가 악하다고 하지 않습니다. 성경에서 '육적'(肉的)이라고 표현할 때 'Nature'라 하지 않고 'Sinful Nature'라고 한 것에 유의하십시오. 기독교는 육은 악하고 영은 선한 것이라는 이원론적 사고방식을 따르지 않습니다. 육을 존중합니다. 그러나 그것은 어디까지나 하나님의 영으로 통제될 때까지만입니다.

갈라디아서에서 "육체의 소욕은 성령을 거스리고 성령의 소욕은 육체를 거스린다"고 할 때, 이 육체는 타락한 본성, 즉 'Sinful Nature'를 말합니다. 죄 된 본성이 성령을 거스린다는 얘기지 본성 자체가 거스린다는 것은 아닙니다. 그 점을 잘 알아야 합니다.

그러므로 성경적으로 볼 때 언제나 인간 내면의 문제는 하나님이 뜻하신 질서가 깨져서 일어나는 질서의 문제입니다. 하나님의 경향으로 통제받지 못한 그 죄 된 본성, 타락한 본성이 항상 문제입니다. 이기적인 것은 몸에 필요하지만, 인격이 이기적이 되어 자기만 아는 것은 나쁜 것입니다. 몸의 동인(動因)인 욕망은 하나님이 주신 것이지만 이 욕망이 존재 자체를 지배해서 매일 먹는 생각이나 성적인 생각만 하는 것은 잘못된 내면에서 나오는 것입니다.

# ‘경향’의 관점으로 본 성경

사람 안의 경향이 둘로 나뉘다 보니, 결국 성경 역사 자체는 이 두 가지 경향의 싸움이라고 할 수 있습니다. 이제 경향이란 관점으로 성경을 조망해 보기로 합시다.

**첫째, 살인 직전 가인의 마음 상태**

“네가 선을 행하면 어찌 낯을 들지 못하겠느냐 선을 행치 아니하면 죄가 문에 엎드리느니라 죄의 소원은 네게 있으나 너는 죄를 다스릴찌니라”(창 4:7).

살인 직전의 가인의 마음은 이미 죄 된 경향 쪽으로 가고 있었습니다. 죄의 욕망이 있었다는 뜻입니다. 그래서 하나님께서는 “죄의 소원은 네게 있으나 너는 죄를 다스릴찌니라”고 하신 것입니다. 그러나 가인은 그 경향을 다스리지 못했고 결국 살인까지 하게 되었습니다. 살인이라는 게 그런 것입니다. “어떻게 살인을 해”라고 남의 이야기하듯 하지 마십시오. 누구나 그쪽으로 쏠리다 보면 그런 일을 저지를 수 있습니다. 행동보다 중요한 것이 마음의 경향입니다.

**둘째, 하나님께서 홍수로 세상을 심판하시기 전 사람들의 마음의 경향**

"여호와께서 가라사대 나의 신이 영원히 사람과 함께하지 아니하리니 이는 그들이 육체가 됨이라 그러나 그들의 날은 일백이십 년이 되리라 하시니라"(창 6:3).

"나의 신이 영원히 사람과 함께하지 아니하리니 이는 그들이 육체가 됨이라." 이것이 무슨 뜻입니까? 언제는 그들이 육체가 아니었습니까? 이것은 그들의 경향이 육체적인 데로 갔다는 의미입니다.

또 4절에 "당시에 땅에 네피림이 있었고 그 후에도 하나님의 아들들이 사람의 딸들을 취하여 자식을 낳았으니 그들이 용사라 고대에 유명한 사람이었더라"고 했는데, 여기서 '하나님의 아들들과 사람의 딸들'은 누구를 가리키는 것입니까? "하나님의 아들은 아담의 후손이고 사람의 딸들은 아담 이전에도 있었던 사람을 말한다"는 설(說)도 있지만 제가 볼 때 그것은 잘못된 해석입니다. 성경에서 명백하게 첫 사람은 아담이라고 했기 때문입니다. 김성일 장로님은 『홍수 이후』에서 "하나님의 아들은 셋의 후손을 말하고 사람의 딸들은 가인의 후손을 말한다"고 했는데, 저는 이것도 바른 해석이 아니라고 생각합니다.

그러면 무엇이 정답일까요? "모른다." 그렇습니다. 모르는 건 모르는 겁니다. '네피림'이라는 말도 왜 '네피림'이라고 쓴 줄 아십니까? 그게 뭔지 몰라서 번역 안 하고 '네피림'이라고 쓴 것입니다. 시편에 나오는 '셀라'도 마찬가지입니다. 몰라서 그냥 '셀라'라고 쓴 것입니다. 성경에 나오는 히브리어 가운데 정체를 모르는 단어들이 참 많습니다. 전체의 50퍼센트 정도가 한 번밖에 안 나온 단어입니다. 한 번밖에 안 나오면 비교가 안 되니까 그 뜻을 모르는 것입니다.

그러나 영적으로 보았을 때 한 가지 결론은 내릴 수 있습니다. 인간의 경향이 어느 쪽으로 가고 있다는 것입니까? 계속하여 육체적으로 가고 있었다는 것입니다. "나의 신이 영원히 사람과 함께하지 아니하리니 이는 그들이 육체가 됨이라"는 바로 그것을 의미하는 말입니다.

5절을 보십시오.

"여호와께서 사람의 죄악이 세상에 관영함과 그 마음의 생각의 모든 계획이 항상 악할 뿐임을 보시고."

'죄가 관영했다'는 것은 죄가 꽉 찼다는 얘기입니다. 또 '그 마음의 생각의 모든 계획'에서 '계획'이라는 말은 'Inclination'(경향, 기울어짐)을 뜻합니다. 그러니까 '내내 생각하는 경향'이 '계획'이라는 말입니다.

그러면 사람들의 경향이 항상 악했다는 말인데 이것은 무엇을 뜻하는 것일까요? 노아 홍수 이전 사람들이 어떤 식으로 악했다는 것입니까? 얼핏 생각할 때 떠오르는 것이 살인, 강도, 강간, 폭력, 마약, 이런 것입니다. 하지만 노아 홍수 이전에 사람들이 얼마나 악했는가 하는 것을 예수님께서는 누가복음 17장 27절에서 다음과 같이 설명하셨습니다.

"노아가 방주에 들어가던 날까지 사람들이 먹고 마시고 장가들고 시집가더니."

여기 어디 살인, 강도, 절도라는 단어는 없습니다. 홍수 이전 인간이 악하다고 한 것은 먹고 마시고 장가가고 시집가는 것이었다는 말씀입니다. 그런데 왜 이것이 죄입니까? 우리도 먹고 마시고 춤추는데 말입니다.

하나님께서는 온통 관심사가 먹고 마시고 섹스밖에 없는 인간들을 향해 '그 경향이 악하다'고 하십니다. 그런 행위 자체가 나쁘다는 것이 아니라 오로지 그것만 했다는 것입니다. 그건 동물과 다를 바가 하나도 없습니다. 바로 그것이 악이라는 것입니다.

사람은 하나님 앞에서 사람다워야 합니다. 하지만 그 당시 사람들에게서는 그런 모습이 보이지 않았기 때문에 하나님은 심판을 내리셨습니다. 하나님 보시기에 인간이란 하나님의 뜻을 가지고 세상을 다스려 나가는 존재인데, 당시의 사람들은 인간이 아니었다는 것입니다.

이렇게 보면 세상의 악이라는 것이 피부에 와 닿습니다. 저는

세상이 종말이라는 얘기에 동감합니다. 지금 종말이 가까웠다고 할 수 있는 것은 범죄가 많아서가 아닙니다. 사람들의 생각의 경향이 온통 물질 중심화 됐기 때문입니다. 음행한 데로 갔기 때문입니다. 소위 말하는 범죄는 그 거대한 경향에 비하면 미미할 정도입니다.

결국 시집가고 장가가고 먹고 마시고 하는 것들이 노아 홍수 이전 사람들의 모습이었고, 하나님이 보실 때 그것은 죄악이었습니다. 개나 소도 먹고 마시고 시집가고 장가갑니다. 그런데 인간도 그와 같다면 무엇 하러 인간을 만드셨겠습니까? 하나님을 경외하고 바라보라고 만들어 놓으셨는데, 하나님 경향은 다 죽고 육체적 경향만 남았으니 다 쓸어버리신 것입니다.

마침내 홍수가 나서 다 쓸렸지만 노아와 그 가족만은 남았습니다. 그런데 노아가 왜 선택되었습니까? 그는 하나님 보시기에 의로웠으며 하나님과 동행하는 삶을 살았습니다(창 6:9). 하나님 경향을 가지고 사는 사람이었기 때문입니다. 어쩌면 하나님께서는 노아뿐 아니라 온 세상 사람들한테 "방주를 지으라"고 하셨을지도 모릅니다. 그런데 사람들의 하나님 경향이 닫혀서 하나님의 말씀을 듣지 못하고 노아만 그 말씀을 들었을 수도 있습니다. 하지만 홍수가 끝난 후 노아에게도 세속적 경향이 있었음을 보게 됩니다. 창세기 8장 21절을 보십시오.

"여호와께서 그 향기를 흠향하시고 그 중심에 이르시되 내가 다시는 사람으로 인하여 땅을 저주하지 아니하리니 이는 사람의 마음의 계획하는 바가 어려서부터 악함이라 내가 전에 행한 것 같이 모든 생물을 멸하지 아니하리니."

분명히 '사람의 경향이 어려서부터 악하다'고 했습니다. 그런데 이것은 바로 노아를 보고 하신 말씀입니다. 노아도 이미 타락한 본성을 가지고 있기 때문에 악했던 것입니다.

노아는 그런 경향을 증명이라도 하듯 자신이 얼마나 악한지 보여 주었습니다. 홍수 후에 그는 포도주를 먹고 취해 벌거벗고 잤습니다. 그때 세 아들 중 함이 장막에 들어갔다가 나와서 "아버지가 벌거벗었다"고 하자 셈과 야벳이 뒷걸음쳐 들어가서 가렸습니다. 이 본문에 대해, 함이 불경스럽게 아버지의 하체를 봤기 때문에 저주를 받았다며 동양 윤리적으로 해석하기도 합니다. 그렇다면 저도 제 아들과 다 벗고 목욕하는데 아들에게 "너는 아비 하체를 봤으니 저주받는다"고 해야 할까요? 여기서 "하체를 봤다"는 것은 전형적인 용어입니다. 성경에서 그런 표현은 모두 성적 범죄를 가리키는 말입니다. 레위기 18장 6-7절을 보십시오.

"너희는 골육지친을 가까이하여 그 하체를 범치 말라 나는 여호와니라 네 어미의 하체는 곧 네 아비의 하체니 너는 범치 말라 그는 네 어미인즉 너는 그의 하체를 범치 말찌니라."

이것은 근친상간하지 말라는 말씀입니다. 하체를 범치 말라

는 말은 "보지 말라"는 뜻이 아니라 그 말 자체가 '섹스'를 뜻하는 것입니다. 영어성경에는 하체가 'Nakedness'라고 번역되어 있는데 그 말은 성적인 범죄를 뜻합니다. 성서신학적으로 볼 때, 노아와 함 사이에 무슨 일이 '있지 않았을까' 하는 것이 제 생각입니다. '있다'라고 단정 짓지는 마십시오. 잘못하면 이단이 되니까 말입니다.

어쨌든 노아도 홍수 이후에 먹고 마시고 시집가고 장가가고 하는 경향에 빠졌습니다. 그것을 하나님이 보시고 "어려서부터 악하다"고 하신 것입니다. 세상 사람들이 다 육체적 경향으로 갔습니다.

**셋째, 하나님의 부름을 받은 아브라함이 가는 곳마다 한 일**

아브라함을 믿음의 조상이라고 하는 것은 그가 믿음의 자손을 낳아서가 아닙니다. 노아의 홍수 이후 세상 사람들이 모두 세상적인 경향으로 가고 있을 때, 그가 처음 하나님을 믿으면서 그분 앞에 예배하는 자로 살기 시작했기 때문입니다.

창세기 12장 7절을 보면 "여호와께서 아브람에게 나타나 가라사대 내가 이 땅을 네 자손에게 주리라 하신지라 그가 자기에게 나타나신 여호와를 위하여 그곳에 단을 쌓고"라고 했습니다. 아브라함도 때로 실수했습니다. 하나님이 아들을 주겠다고 하시자 "네"라고 대답만 하고는 기다리지 못하고 별별 인간적인 조치를 취했습니다. 양자를 들이려고도 했는데 하나님이 안 된다고 하셨습니다. 그 다음에 첩을 얻어 아들을 낳았습니다. 요즘같으면 인공수정까지 해봤을 것입니다. 이렇듯 신뢰할 만한 사람이 못 되었습니다.

하지만 제가 볼 때 아브라함 같은 사람이 없습니다. 보통 사람이 아닙니다. 아브라함의 장점은 하나님의 음성을 경청하는 것이었습니다. 경향이 하나님 쪽이었습니다. "가는 곳마다 단을 쌓았다"는 사실이 그 점을 말해 줍니다. 아브라함이 가는 곳마다 단을 쌓았다는 것은 경향을 하나님께 맞추기 위한 그의 노력이었습니다.

#### 넷째, 출애굽해서 가나안 땅에 들어가기까지의 광야생활

이스라엘 백성들에게 광야생활은 일종의 훈련이었습니다. 그런데 무엇을 알게 하기 위한 훈련이었습니까? 신명기 8장 3절을 보십시오. 이 말씀은 예수님께서 40일 금식을 마치고 마귀에게 결정타처럼 사용하셨던 바로 그 말씀입니다.

"너를 낮추시며 너로 주리게 하시며 또 너도 알지 못하며 네 열조도 알지 못하던 만나를 네게 먹이신 것은 사람이 떡으로만 사는 것이 아니요 여호와의 입에서 나오는 모든 말씀으로 사는 줄을 너로 알게 하려 하심이니라."

무엇을 알게 하기 위해서라고 했습니까? 하나님의 입에서 나

오는 모든 말씀으로 산다는 것을 알게 하시기 위함이라고 했습니다. 이 신명기 8장 3절 말씀이 바로 QT의 출발점이며 근거가 됩니다. 기억하시기 바랍니다.

오직 먹이는 것만이 목적이었다면 하나님은 만나 같은 방법을 사용하시지 않았을 것입니다. 그냥 풍성한 양식을 부어 주셨을 것입니다. '만나'는 히브리 원어로 보면 "이것이 무엇이냐?"는 뜻입니다. 이스라엘 백성들은 만나를 먹을 때마다 이것이 무엇이냐고 물었을 것입니다. 그리고 그것이 무엇인지 알고 싶었을 것입니다. "이것이 무엇인가?" "이것은 하나님이 주신 것이다!" 그들은 그것을 깨달았을 것입니다.

경향이라는 측면에서 식사 기도는 참 중요합니다. 음식이 맛있을수록 식사 기도를 오래 해야 합니다. 음식이 맛있다 보면 우리 마음을 빼앗기기 때문입니다. 한쪽으로 치우치거나 빠지지 않기 위해서 기도하는 것은 언제나 중요합니다.

하나님께서는 애굽에서 나와 가나안 땅으로 들어가는 가장 빠른 길이 있었는데도 일부러 그 길을 택하지 않고 광야를 택하셨습니다. 그 이유가 무엇이었을까요? 광야는 결국 먹고사는 것이 전부가 아니라는 것을 가르쳐 주기 위한 하나의 훈련 코스였습니다. 하나님은 그것을 모세를 통해 분명하게 지적하셨습니다. "사람이 떡으로만 사는 것이 아니라 하나님 입에서 나오는 말씀으로 산다"고 말입니다. 출애굽을 하여 광야를 걷는 기간 내내 그들은 하나님의 경향으로 가기 위해, 하나님 바라보기를 훈련받은 것입니다.

**다섯째, 약속의 땅에 들어가는 이스라엘 백성들을 시험에 빠뜨린 발람의 꾀**

이스라엘 백성들은 광야에서 40년간 하나님의 경향으로 가도록 훈련받았습니다. 아침에 일어나서 잘 때까지 오직 하나님만 생각하도록 말입니다. 그들은 아침에는 구름 기둥, 밤에는 불기둥을 보고, 끼니마다 만나를 먹었습니다. 이렇게 40년 동안 헤매다가 모압 평지를 통해 이제 막 가나안 땅에 들어서려는 순간 그 초입에서 그들이 맞닥뜨린 것이 있습니다.

"이스라엘이 싯딤에 머물러 있더니 그 백성이 모압 여자들과 음행하기를 시작하니라 그 여자들이 그 신들에게 제사할 때에 백성을 청하매 백성이 먹고 그들의 신들에게 절하므로"(민 25:1–2).

줄곧 하나님의 경향을 받으며 모압 땅까지 온 이스라엘 백성들을 향해 모압 왕 발락이 발람이라고 하는 선지자를 사주하여 저주하게 합니다. 이 선지자는 여호와의 선지자가 아니라 엄밀히 말하면 사실 바알 선지자입니다. 왜냐하면 발람의 아버지 이름이 브올인데 그 당시 바알을 바알브올이라고 불렀기 때문입니다.

발락이 바알 선지자를 동원해서 이스라엘 백성을 저주하려고

했는데 그 음모가 실패로 돌아가 버렸습니다. 그런데 발람은 거기서 포기하지 않았습니다. 그는 다른 방법으로 이스라엘 백성을 올무에 빠뜨렸는데, 그것은 그들을 성적으로 더럽힌 것입니다. 모압 땅에 오자 그 땅의 여자들이 이스라엘 남자들에게 같이 예배드리러 가자고 했습니다. 이스라엘 남자들은 예배드린다는 말에 모두 따라갔습니다. 그러나 가 본 곳은 바알 선지자를 섬기는 곳이었습니다. 모압 여자들이 신이라는 이름의 세속적인 존재에게 그들을 데리고 간 것입니다.

이스라엘 근동지방의 신화에 이런 이야기가 있습니다. 다산의 신 바알과 폭염의 신 티아멧이 서로 싸웁니다. 이때 바알이 지는데, 그러면 여름이 옵니다. 덥고 비도 안 옵니다. 그러다 가을쯤 되어 바알의 부인인 아세라가 바알을 위해 티아멧에게 복수를 합니다. 그러면 티아멧이 죽고 다시 가을이 옵니다. 그때 바알과 아세라가 결혼식을 올립니다. 그러면 비가 옵니다. 그 후에는 겨울이 시작되고 그러다가 또 티아멧이 살아납니다.

이 순환은 끊임없이 반복되며, 이 신화를 재연하는 것이 예배였습니다. 바알 신전에 가면 아세라를 상징하는 여자, 곧 신전(神殿) 창기들이 예배하러 오는 남자들과 그룹 섹스를 합니다. 그룹 섹스를 하면서 어떤 엑스타시를 경험할 때 '신과 합일되었다'고 얘기합니다.

이스라엘 남자들은 광야에서 매일 구름기둥이나 불기둥만 보고 실제로는 하나님의 모습을 본 적이 없었습니다. 그렇게 눈에 보이지 않는 하나님을 섬기다가 이렇게 욕망을 자극하는 직접적인 행위를 보자 스토리도 이해되고 피부에 와 닿았던 것입니다. 모두 모압 여인들에게 홀딱 빠져 버렸습니다. 오지 말라고 해도 그 의식에 참여하려고 했습니다.

이 음행을 통해 이스라엘 백성들은 급격히 타락하기 시작했습니다. 훈련 잘 받은 이스라엘 백성들이 순식간에 육체적 경향으로 가 버렸습니다. 40년 훈련이 허무하게 무너졌습니다. 마침내 그들은 하나님의 엄한 심판을 받았습니다. 그런데도 그 의식을 잊지 못하던 한 남자가 모압 여인을 장막으로 데려와 또 음행하는 일이 일어났습니다. 이때 발람의 궤계, 즉 육체로 가는 경향을 물리치면서 나타난 인물이 비느하스입니다. 민수기 25장 7-8절을 보면 비느하스가 창을 들고 와서 시므리와 고스비 두 남녀를 죽입니다.

"제사장 아론의 손자 엘르아살의 아들 비느하스가 보고 회중의 가운데서 일어나 손에 창을 들고 그 이스라엘 남자를 따라 그의 막에 들어가서 이스라엘 남자와 그 여인의 배를 꿰뚫어서 두 사람을 죽이니."

음행하고 있던 두 사람을 한꺼번에 죽인 것입니다. 그 '비느하스의 창'은 하나님 경향으로 가고자 하는 의지였습니다. 비느하스는 바로 하나님의 열심을 가진 사람입니다.

이것이 누구의 계획입니까? 이 일을 주동한 사람이 발람이었다는 것을 꼭 기억하십시오. 하나님은 발람이 정확한 예언을 하게 했으나 그는 돈에 눈이 어두워 이스라엘 남자들을 음행에 빠뜨렸습니다. 민수기 31장 16절을 보십시오.

"보라 이들이 발람의 꾀를 좇아 이스라엘 자손으로 브올의 사건에 여호와 앞에 범죄케 하여 여호와의 회중에 염병이 일어나게 하였느니라."

사단은 하나님께로 가던 경향을 육체적 경향으로 바꾸려고 발버둥칩니다. 우리의 영적 싸움은 사실상 경향 싸움입니다.

**여섯째, 북 이스라엘 전체를 우상숭배로 몰아넣은 이세벨의 경향**

이세벨은 북 이스라엘 전체를 바알 종교로 통일한 여인입니다. 이 여자가 어떤 경향의 여인인가는 열왕기하 9장 30절을 보면 금방 알 수 있습니다.

"예후가 이스르엘에 이르니 이세벨이 듣고 눈을 그리고 머리를 꾸미고 창에서 바라보다가."

남편과 자식도 다 죽고 이제 자신이 죽을 차례가 되었는데도 이 여자는 죽을 때까지 화장을 하고 있습니다. 성경 인물 가운데 죽을 때까지 화장하고 죽은 사람은 이 여자밖에 없습니다. 이제 바로 죽을 것을 알면서도 머리를 꾸미고 눈을 그리고 앉아 있었습니다. 이처럼 화장을 너무 오래 하는 건 경향이 나쁜 것입니다. 패션에 너무 민감한 것도 마찬가지입니다.

이세벨은 온 이스라엘 안에 육체의 경향을 심은 사람입니다. 향락과 우상숭배를 소개했습니다. 우상숭배가 육체의 경향인 이유가 있습니다. 우상은 보입니다. 그래서 하나님이 우상을 만들지 못하게 하신 것입니다. 하나님은 안 보이시지만 우상은 보입니다.

우상에는 인간의 이기심과 욕망이 투영되어 있습니다. 그 우상을 향해 사람들이 “복 달라”고 비는 것입니다. 죄성으로 눈이 어두워진 우리는 자꾸 우상을 만드는데, 우상숭배는 육체적 경향의 대명사이므로 하나님께서 막으시는 것입니다. 그런데 바로 이것을 강화시킨 장본인이 이세벨입니다. 기억해야 합니다. 이세벨은 지금도 살아 있습니다. 지금까지 발람이 살아 있듯이 말입니다.

### 일곱째, 40일간 금식하신 예수님을 시험한 마귀의 시험 내용

마귀는 “돌이 떡덩이가 되게 하라”, “뛰어내리라. 그러면 천사가 너를 받들어 상하지 않게 하리라”, “내게 경배하고 절하면 보이는 세상을 다 주겠다”며 예수님을 시험했습니다. 이 세 가지 모두 육체적 경향을 강화시키라는 얘기입니다. 보이는 것으로 메시아 사역을 하라는 것입니다. 떡을 만들라는 것도 그렇고, 뛰어내려서 군중들에게 센세이션을 일으키라는 것도 그렇고, 자기에게 절하면 세상을 다 준다는 것도 그렇고, 마귀가 제시한 것은 모두가 보이는 것 중심입니다. 세속적인 경향입니다. 이에 대한 예수님의 공통된 대답은 "기록되었으되"였습니다. 즉, 자기 말로 말하지 않고 '하나님의 언어'로 말씀하셨습니다.

마귀는 예수님에게 메시아 노릇 하지 말라고 하지 않았습니다. 우리에게도 교회 다니지 말라고는 하지 않습니다. 다만 그 방법을 육체적 경향으로 하라는 것입니다. 예수님은 마귀가 시험할 때 "기록되었으되" 하고 성경 말씀을 제시하셨습니다(신 8:3, 6:13, 6:16). 말씀을 많이 암송해야 할 이유가 여기 있습니다. 예수님은 육체적 경향에 대해 오직 하나님의 경향으로 버티신 것입니다.

**여덟째, 계시록의 수신자인 일곱 교회 가운데 버가모 교회가 책망 받은 것**

"그러나 네게 두어 가지 책망할 것이 있나니 거기 네게 발람의 교훈을 지키는 자들이 있도다 발람이 발락을 가르쳐 이스라엘 앞에 올무를 놓아 우상의 제물을 먹게 하였고 또 행음하게 하였느니라"(계 2:14).

버가모 교회가 책망 받은 것은 발람의 교훈 때문입니다. 발람이 여기에서까지 나온다는 사실에 우리는 전율해야 합니다. 무서운 이야기입니다. 발람은 오늘날에도 살아 있습니다.

다음에 두아디라 교회가 책망 받은 내용은 무엇입니까?

“그러나 네게 책망할 일이 있노라 자칭 선지자라 하는 여자 이세벨을 네가 용납함이니 그가 내 종들을 가르쳐 꾀어 행음하게 하고 우상의 제물을 먹게 하는도다”(계 2:20).

여기서도 이세벨이 살아 있습니다. 지금까지 교회를 망가뜨려 온 것은 발람의 교훈과 이세벨의 궤계입니다. 자꾸 교회를 보이는 경향으로 가도록 미혹합니다.

사단은 아직도 발람의 교훈과 이세벨의 궤계를 사용하고 있습니다. 발람과 이세벨은 죽지 않았습니다. 주전 1,200년경의 일인 발람 사건과 주전 800년경의 일인 이세벨 사건이 주후 100년경에도 있었다고 한다면 지금이라고 해서 그 일이 없겠습니까? 지금도 발람과 이세벨의 꾀가 만연해 있습니다. 그 공통점은 행음과 우상숭배입니다. 감각적이고 육체적인 경향으로 가도록 사람들을 끊임없이 부추깁니다.

과거에는 보고 듣는 것이 많지 않았는데 요즘은 TV나 인터넷 등을 통해 육체적 경향의 메시지들이 넘쳐나고 있습니다. 눈을 현란하게 하는 각종 광고들을 보면 사고 싶은 것도 정말 많습니다. 그런 면에서 우리는 정말 어려운 시대에 살고 있습니다. 그러나 주님이 계시므로 넉넉히 이길 줄로 믿습니다.

일반화해서 적용할 수는 없지만, 중세 교회가 건물을 멋지게 짓다가 망한 것도 발람의 교훈과 이세벨의 궤계에 넘어간 이유에서라고 생각합니다. 우리는 자꾸 보이는 쪽으로 향합니다. 눈

에 보이지 않는 '영'이 중요한데도 곧잘 그 사실을 잊어버립니다.

**아홉째, 짐승의 표를 받은 사람들**

요한계시록 13장 16-17절에도 경향에 관한 얘기가 나옵니다.

"저가 모든 자 곧 작은 자나 큰 자나 부자나 빈궁한 자나 자유한 자나 종들로 그 오른손에나 이마에 표를 받게 하고 누구든지 이 표를 가진 자 외에는 매매를 못하게 하니 이 표는 곧 짐승의 이름이나 그 이름의 수라."

이것이 그 유명한 666에 대한 언급인데, 이 말씀이 가르치려는 바는 그것이 아닙니다. 앞에서도 언급했지만 하나님의 경향이 사라지면 인간은 짐승으로 전락합니다. 이 말씀에서 '짐승'이란 육체적 경향을 말합니다. 사람들이 생각하는 것이 온통 먹고 마시고 음행하는 것뿐임을 뜻합니다. 돈 벌어서 좋은 집 사고 오직 잘 먹고 잘사는 것만 생각하는 사람들이 바로 짐승의 표를 받은 사람들입니다.

**열째, 시온 산의 십사만 사천 명**

"이 사람들은 여자로 더불어 더럽히지 아니하고 정절이 있는 자라 어린양이 어디로 인도하든지 따라가는 자며 사람 가운데서 구속을 받아 처음 익은 열매로 하나님과 어린양에게 속한 자들이니"(계 14:4).

'여자로 더불어 정절을 더럽히지 않는다'는 구절을 근거로 여기 나온 십사만 사천 명이 다 남자라는 학설이 있습니다. 사실 이것은 '이세벨로 더불어 음행하지 않았다'로 해석해야지, 모든 여자를 다 지칭한다고 보는 것은 좀 비약이 심합니다.

'여자로 더불어 정절을 더럽히지 않았다'는 것은 바로 '먹고 마시고 시집가고 장가가는 일에 빠지지 않았다'는 것을 말합니다. 이 십사만 사천 명은 세상적이고 육체적인 경향에 푹 빠진 그런 사람들이 아니었습니다. 그들은 어디로 가든 어린 양을 따라갑니다. 그들의 마음을 움직이는 것은 하나님의 경향입니다. 육체적 경향의 사람들과는 감동받는 원인이 다릅니다. 하나님 경향이 없는 인간은 짐승과 똑같습니다. 먹고 마시고 시집가고 장가가는 소나 개와 무슨 차이가 있겠습니까?

결국 시온 산에서의 십사만 사천 명은 하나님 경향의 사람들이었다는 얘기입니다. 저는 이들을 생각하면 기분이 좋아집니다. 시온 산에 십사만 사천 명이 서 있을 때 저도 거기 있을 것이기 때문입니다. 제가 거의 확실히 믿는 게 있는데, 시온 산에 선 십사만 사천 명은 거기서 헨델의 〈할렐루야〉 코러스를 부를 것입니다. 왜냐하면 헨델이 성령에 감동해서 〈할렐루야〉를 작곡할 때 바로 요한계시록 14장을 보면서 코러스 부분을 썼기 때문입니다.

지금까지 살펴본 말씀 외에도 더 많은 성경 본문들이 있지만 어쨌든 성경은 처음부터 마지막까지 두 개의 '경향'에 관한 주제로 관통하고 있습니다. 저는 이것이 우연의 일치라고 생각하지 않습니다.

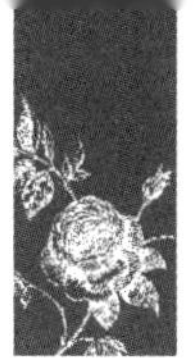

quiet time for beautiful life

# 먼저 구해야 할 것

우리가 살아 있는 이상 육적인 일을 전혀 무시할 수 없는 것이 현실입니다. 기독교는 절대로 금욕주의가 아닙니다. 그렇다면 이 두 가지 경향 사이에서 우리는 어떻게 살아야 하겠습니까? 이에 대해 아주 명쾌하게 정리한 분이 계십니다. 바로 예수님이십니다. 마태복음 6장 31-33절을 보십시오. 이 과의 결론과도 같은 말씀입니다.

"그러므로 염려하여 이르기를 무엇을 먹을까 무엇을 마실까 무엇을 입을까 하지 말라 이는 다 이방인들이 구하는 것이라 너희 천부께서 이 모든 것이 너희에게 있어야 할 줄을 아시느니라 너희는 먼저 그의 나라와 그의 의를 구하라 그리하면 이 모든 것을 너희에게 더하시리라."

먼저 그의 나라와 그의 의를 구하면 나머지는 하나님께서 다 채우신다는 것입니다. 이것이 바로 예수님께서 명하신 순서입니다. 이것을 잊어버리면 세상 가운데서 그리스도인으로서의 우선

순위를 따르지 못하게 됩니다.

먹고 살기 위해 우리는 열심히 뛰어야 합니다. 하지만 그리스도인이라면 하나님께 먹고 마시고 입는 문제는 맡기고, 먼저 그의 나라와 그의 의를 구해야 합니다. 이것이 바로 육체의 경향을 컨트롤하는 삶입니다. 하나님의 경향으로 가면 나머지는 하나님께서 다 채워 주십니다. 저는 교회에 너무 열심히 다녀서 먹고 살기 힘들어지는 일은 결코 일어날 수 없다고 생각합니다. 이렇게 하나님의 분명한 약속이 있는데 어떻게 그럴 수 있겠습니까? 우리는 온전히 우리의 경향을 하나님 쪽으로만 가게 하면 됩니다.

두 가지 경향 가운데 하나님 경향을 '경건'이라고 부릅니다. 경건은 영어로 'Godliness'입니다. 하나님을 향해 나아가는 마음이 곧 경건이라는 말입니다. 바리새인들처럼 폼 잡고 기도하는 것이 아니라 그 마음이 하나님께 가 있는 것이 경건입니다.

이런 경향이 주된 사람을 경건한 사람이라고 부릅니다. 신약에서는 '하나님 나라를 기다리는 자'라는 표현도 사용하고 있습니다. 그 마음의 경향이 하나님 나라로 가 있는 사람이 경건한 사람이라는 뜻입니다.

그리고 이 경향을 강화하기 위한 훈련, 경건한 사람이 되기 위한 훈련을 '경건 훈련'이라고 합니다. 우리의 마음은 어디로든 자꾸 흐르기 때문에 밖으로부터 경건에 대한 자극을 받아야 하나님 쪽으로 흘러가게 됩니다. 경건 훈련은 바로 그런 자극을 주는 것입니다. 디모데전서 4장 7–8절을 보십시오.

“망령되고 허탄한 신화를 버리고 오직 경건에 이르기를 연습하라 육체의 연습은 약간의 유익이 있으나 경건은 범사에 유익하니 금생과 내생에 약속이 있느니라.”

지금 우리에게 ‘망령되고(Godless) 허탄한 신화(Old Wives Tales)’는 무엇입니까? 여기서 ‘허탄한 신화’란 그럴듯해 보이지만 결국은 세속적인 모든 샤머니즘을 일컫는 말입니다. 샤머니즘은 굉장히 신통해 보이지만 사실은 지독하게 세속적입니다. 모든 샤머니즘은 다 육체적 경향입니다. 그러니까 망령되고 허탄한 신화란 겉으로는 굉장히 신령해 보이고 경건해 보이지만 깔려 있는 배경은 육체적 경향인 것들을 통칭하는 표현입니다.

모든 종류의 굿을 보면 겉으로는 신을 지향합니다. 그런데 그 내용을 가만히 들여다보면 육체적 경향의 것입니다. 무당이 굿하는 것을 직접 본 적이 있는데, 굿을 할 때는 음식을 푸짐하게 차려 놓습니다. 그런데 무당은 굿하면서 “정성이 부족해서 시루떡이 설었다”, “노잣돈 내놔라” 하고 떠듭니다. 웬 귀신이 돈을 그렇게 좋아하는지, 노잣돈을 달라고 해서 주면 이번에는 또 “모자라서 못 간다”고 버팁니다. 외양으로는 신을 부르는데 하는 말과 행동은 다 세속적입니다. 그리고 무당들은 아주 많은 경우 성적으로 문란하기도 합니다. 악한 영에 잡히면 그렇게 되나 봅니다. 무당을 다룬 소설들을 보면 그런 모습이 잘 묘사되어 있습니다.

그런데 망령되고 허탄한 신화는 굿판에서뿐만 아니라 사실 우리 일상의 세속적인 경향에서도 찾아볼 수 있습니다. 교회와 성도가 자칫 거룩이라는 미명하에 기복적 신앙이나 자기 자랑 같은 것을 강화한다면 그것이 곧 망령되고 허탄한 신화입니다. 하나님 말고 사람을 더 높인다거나 어떤 개인에게 매료되어 있는 것은 모두 세속적인 것입니다. 큰일 날 일들입니다.

성도와 목회자의 관계에서 특히 그런 위험이 도사리고 있습니다. 목회자를 너무 떠받들다 보면 하나님이 안 보이는 경우가 있습니다. 아무리 훌륭한 목사님이라도 그 사람은 쇠하고 주님이 흥하셔야 합니다. 보이는 것에 치중하다 보면 망령되고 허탄한 신화에 빠지게 됩니다. 보이는 것과 보이지 않는 것의 균형을 잡기가 얼마나 어려운지 모릅니다.

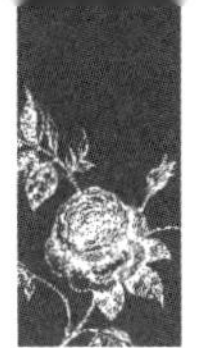

quiet time for beautiful life

# 경건의 연습과 그 열매

육체의 연습이란 무엇을 위해 하는 것입니까? 건강의 유익을 위해서 하는 것입니다. 건강의 유익을 위해 하는 것은 약간의 유익이 있습니다. 왜냐하면 몸이 아프면 아무것도 못하기 때문입니다. 하지만 너무 건강에 치중하면 그것 가지고 죄짓는 일밖에 할 게 없습니다.

김진홍 목사님이 한 유명한 얘기가 있습니다. 이 분이 활빈교회에서 목회할 때의 일입니다. 어떤 부인이 서럽게 울고 있어서 그 이유를 물어 보니, 남편이 폐병에 걸렸다는 것이었습니다. 그 후 시간이 흘러 남편은 결국 폐병이 나았습니다. 그런데 다음에 보니까 그 부인이 또 울고 있더랍니다. 그래서 왜 우냐고 물었더니, 이 남자가 건강해진 뒤 바람을 피우는 것도 모자라 자기를 하도 때려서 아파서 운다는 것이었습니다. 그때 김진홍 목사님은 '사회 운동으로는 사람을 구원할 수 없다'고 결론을 내리고 복음주의로 돌아섰다고 합니다. 그 분이 '두레성경공부'를 만든

이유가 거기에 있었답니다.

이처럼 육체의 연습으로 얻는 유익은 약간일 뿐입니다. 너무 아프면 하나님 말씀도 안 들어오기 때문에 하나님을 섬길 만큼만 건강하면 됩니다. 잉여의 건강은 오히려 하나님을 떠나는 데 사용될 가능성이 큽니다. 돈도 마찬가지입니다. 하나님을 섬길 만큼만 있으면 됩니다. 너무 많으면 관리하기만 힘듭니다.

그러나 경건의 연습은 하면 할수록 범사에 유익이 큽니다. 이 가운데 금생의 약속은 무엇이며 내생의 약속은 또 무엇입니까? 내생의 약속은 디모데전서 4장 10절에 나옵니다.

"이를 위하여 우리가 수고하고 진력하는 것은 우리 소망을 살아 계신 하나님께 둠이니 곧 모든 사람 특히 믿는 자들의 구주시라."

경건의 훈련을 하면 영적 경향이 강화되어 하나님을 향한 소망이 충만해집니다. 천국의 소망을 갖게 됩니다. 이것은 지금 우리가 살아가면서 하나님을 바라보며 그분의 인도를 받는 것을 얘기합니다.

금생의 약속은 12절에 나옵니다.

"누구든지 네 연소함을 업신여기지 못하게 하고 오직 말과 행실과 사랑과 믿음과 정절에 대하여 믿는 자에게 본이 되어."

금생의 약속은 지금 우리의 인격과 삶의 변화를 말하고, 내생의 약속은 천국의 소망을 말합니다. 이것이 경건의 훈련이 주는 두 가지 유익입니다.

사도 바울은 디모데에게 "네가 경건의 훈련을 잘 받으면 말과 행동이 본이 되어, 누구도 업신여기지 못하는 인격을 갖게 될 것이다"라고 말하고 있습니다. 디모데가 어리다는 이유로 업신여김을 당하지 않도록 영적으로 더 성장하라고 한 얘기입니다. 이처럼 경건의 훈련을 하다 보면 성령의 아홉 가지 열매를 맺게 됩니다. 성령의 열매는 인격에 관한 문제입니다.

디모데후서 3장 1-5절에는 경건의 훈련을 받지 않아서 경건치 못한 사람들의 모습이 나옵니다. 자기에게 해당되는 것이 나오면 밑줄을 치면서 읽어 보기 바랍니다.

"네가 이것을 알라 말세에 고통하는 때가 이르리니 사람들은 자기를 사랑하며 돈을 사랑하며 자긍하며 교만하며 훼방하며 부모를 거역하며 감사치 아니하며 거룩하지 아니하며 무정하며 원통함을 풀지 아니하며 참소하며 절제하지 못하며 사나우며 선한 것을 좋아 아니하며 배반하여 팔며 조급하며 자고하며 쾌락을 사랑하기를 하나님 사랑하는 것보다 더하며 경건의 모양은 있으나 경건의 능력은 부인하는 자니 이같은 자들에게서 네가 돌아서라."

이상이 경건치 못한 사람의 모습입니다. 갈라디아서 5장 19-21절에도 그러한 모습이 나타나 있습니다 .

"육체의 일은 현저하니 곧 음행과 더러운 것과 호색과 우상숭

배와 술수와 원수를 맺는 것과 분쟁과 시기와 분냄과 당 짓는 것과 분리함과 이단과 투기와 술 취함과 방탕함과 또 그와 같은 것들이라 전에 너희에게 경계한 것같이 경계하노니 이런 일을 하는 자들은 하나님의 나라를 유업으로 받지 못할 것이요."

반면, 경건한 사람들의 성품은 성령의 아홉 가지 열매입니다. 이것을 마음속에 새기고 본받으려는 마음으로 천천히 음미하며 읽어 보십시오.

"사랑과 희락과 화평과 오래 참음과 자비와 양선과 충성과 온유와 절제"(갈 5:22-23).

이 아홉 가지와, 앞에서 읽었던 디모데후서나 갈라디아서에 나타난 사람의 이미지가 어떻게 다릅니까? 한마디로 밝은 이미지와 칙칙한 이미지로 확실히 구별되지 않습니까?

아무리 드러내려 하지 않아도 경건한 사람은 표시가 나게 되어 있습니다. 반대로, 경건하지 않은 사람이 경건한 척할 수도 없습니다. 산 위에 있는 동네가 숨기우지 못하는 것과 똑같습니다. 산 위에 있는 동네가 어떻게 숨을 수 있겠습니까? 내면이 경건하든 안 하든 그것은 반드시 드러나기 마련입니다. 경건하지 않으면서 경건한 척 폼만 잡을 수는 없습니다. 위선은 절대로 통하지 않습니다.

제가 볼 때, 제가 목회하는 LA 이민사회에 필요한 것은 전도보다 경건의 훈련입니다. 교회 다니는 사람이나 다녀 봤던 사람은 너무나 많습니다. 문제는 그들의 이중생활입니다. 그들은 세상 속에서도 전혀 갈등이 없습니다. 어른들이 그러니까 아이들도 자연스럽게 신앙적인 갈등을 하지 않습니다. 찬양하던 입으로 술집에 가서 술 먹고 노는 것에 대해 무감각합니다. 그러므로 경건에 대한 고민과 회복이 절실합니다.

quiet time for beautiful life

# 경건 훈련의 여러 모습과 경건의 시간

경건 훈련이란 하나님 경향을 강화시키는 훈련입니다. 경향을 하나님께로 향하게 하는 것은 다 경건 훈련입니다.

새벽기도나 작정기도 같은 기도 훈련도 경건 훈련입니다. 말씀 통독이나 말씀 암송, 설교를 듣는 것도 역시 경건 훈련입니다. 신앙서적을 읽는 것도 역시 경건 훈련이고, 경배와 찬양을 드리는 것, 전도를 실습하는 것, 성도간의 교제, 성지순례나 선교 여행, 그리고 각종 신앙적인 세미나에 참석하는 모든 것이 다 경건 훈련입니다.

이외에 또 있습니까? 가정예배도 경건 훈련입니다. 부부 간에 영적인 대화를 나누는 것도 경건 훈련이고, 침묵기도도 경건 훈련입니다. 아니면, 선교에 대한 내용을 담은 영화를 보는 것도 좋습니다. 이 외에도 굉장히 많습니다. 이 모든 활동의 공통점이 있다면 그것은 하나님의 경향을 강화한다는 것입니다.

그런데 이런 여러 가지 가운데 '가장 기본적이고', '가장 효과적이고', '가장 강력한' 경건 훈련이 바로 '경건의 시간'(Quiet Time, 일명 QT)을 매일 매일 갖는 것입니다. 즉, 경건의 시간을 갖는 것이야말로 하나님의 경향을 강화하는 데 가장 기본적이고 효과적이고 강력한 방법이라는 것입니다.

왜 이 방법이 기본적입니까? 혼자 할 수 있어서입니다. 새벽기도는 교회에 나가지 못하면 할 수 없지만 경건의 시간은 혼자서도 가질 수 있습니다.

왜 이 방법이 효과적입니까? 매일 하기 때문입니다.

왜 이 방법이 강력합니까? 직접 하나님의 음성을 듣기 때문입니다.

그 모든 경건 훈련 방법들 가운데 이 훈련에 힘써야 하는 이유가 바로 여기에 있습니다. 우리는 최선을 다해 하나님께 자신의 경향을 드리는 삶을 살아야 합니다. 그런 삶을 가능케 하는 것이 QT입니다.

# Part 2

QT는 하루 생활 중 얼마를 시간을 정해서
성경 읽기와 기도로 보내는 것입니다.
그렇게 하면 하나님 경향이 강화됩니다.

*quiet time for beautiful life*

# QT 바로 알기

QT는 언제부터 시작되었는가? | QT의 성경적 근거 | 광야에서의 훈련 방법 | QT의 세 가지 유익 | QT의 세 가지 보너스 | QT를 잘하기 위한 5가지 요소 | 기록의 유익과 기록 방법

quiet time for beautiful life

# QT는 언제부터 시작되었는가?

QT는 그야말로 성경이 우리에게 주어진 후부터 지금까지 계속되어 왔다고 할 수 있습니다. 성경은 없었지만 아브라함도 자기 식으로 QT했을 것이고 모세도 했을 것입니다. 그들 외에도 수많은 신앙의 선배들이 어떤 식으로든 QT를 했을 것입니다. 그러나 'Quiet Time'이라는 이름으로 시작된 것은 1882년부터입니다. 처음으로 경건의 시간을 하나의 운동으로 일으켰던 사람들이 그 훈련에 'Quiet Time'이라는 이름을 붙인 것입니다.

세계를 변화시킨 대표적인 영적 운동들이 여럿 있었습니다. 역사를 돌아볼 때 하나님께서는 사람들이 그분을 향한 마음을 잃어버릴 때마다 그런 운동들을 일으키셨습니다.

예를 들면 주후 1,100년경 당시 로마 교황청이 완전히 썩어 가면서 영적인 것을 다 잊어버리고 사치스러워지고 부유해졌을 그때, 하나님께서는 그 로마 가톨릭을 변화시키기 위해 아시시에 있는 한 사람에게 성령을 부으셨습니다. 이 사람이 성령을 받고 시작한 것이 소위 탁발 순례, 거지 순례였습니다. 아무것도 소유하지 않고 청빈한 가운데 하나님 사랑하는 운동을 시작했는데, 이 사람이 바로 아시시의 성 프란체스코입니다. 그는 "우리가 청빈한 가운데 하나님을 섬기자. 우리는 너무 부유하다"는 모토를 내세우고, 자신의 소유를 다 포기하고 나가서 구걸하며 복음 전하는 삶을 살았습니다. 그때부터 수도원 운동이 시작되었습니다. 모든 걸 버리고 수도원에 들어가서 주님을 따르는 삶을 사는 것입니다.

그러다가 1,500년대에 수도원마저도 그 정신을 잃어버리고 형식만 남게 되자 또 다시 운동이 일어나는데, 그것이 바로 마틴 루터가 촉발시킨 종교개혁 운동입니다. 종교개혁 운동은 말씀으로 돌아가자는 운동이었습니다.

그 후 1,800년대에 영국에서 또 한 번 강력한 영적 운동이 일어납니다. 그 당시는 영국이 영적으로 가장 흥왕했던 때였다고 생각합니다. 런던의 한 교회에서 집회가 있다고 하면 온 런던 사람들이 다 모였고, 다음날 신문에 그 설교 제목이 났을 정도였습니다. 걸출한 선교사와 유명한 목사들이 많이 배출되던 그 시절의 일입니다.

캠브리지 대학에 다니는 후퍼(Hopper)와 서튼(Thorton)을 비롯한 몇몇 학생들(흔히 '캠브리지 7인'이라 칭하는)이 어떤 강력한 영적 훈련을 일으키게 됩니다. 그들은 그리스도인으로서 어떻게 살아야

할지를 진지하게 고민했습니다. 예수 그리스도를 사랑하고 따르며 정말 하나님의 뜻대로 살기를 원했지만, 스스로 돌아볼 때 자신들이 여전히 세속적인 경향으로 꽉 차 있고 하나님이 기뻐하시는 일보다 세상일을 즐긴다는 것을 깨달았습니다. 이 두 마음 자체를 스스로 어떻게 할 수 없다는 것을 알았습니다. 어떻게 하면 이 마음을 세속적인 경향에서 주님에게로 옮길 수 있을까 고민하다가, 마침내 내린 결론이 "하루 생활 중 얼마를 성경 읽기와 기도로 보낸다"는 것이었습니다. 이것이 바로 QT의 가장 기본적인 정의입니다. QT의 개념은 아주 단순합니다. 복잡하게 생각하지 마십시오. 개념이 분명해야 QT를 통해 능력을 얻을 수 있습니다. QT는 다름 아닌 하루 생활 중 얼마의 시간을 정해서 성경 읽기와 기도로 보내는 것입니다. 그렇게 하면 하나님 경향이 강화됩니다.

잘못하면 오해할 수 있는데, QT는 조용한 시간, 명상하는 시간을 말하는 게 아닙니다. 요즘 유행하는 요가나 단전호흡과는 다른 것입니다. QT를 침묵하는 시간, 묵상만 하는 시간으로 안다면 이것은 현상만 본 것이지 핵심을 본 것이 아닙니다. QT에는 하루 생활 중 얼마를 성경 읽기와 기도로 보낸다고 하는, 하나님과 연결되는 분명하고도 강력한 행동(Activity)이 있어야 합니다. 가만히 있는다고 되는 것이 아닙니다. 아무 생각도 안 하고 그야말로 조용한 시간을 보낸다면 잠이 들거나 잡생각이 들 것입니다.

캠브리지의 학생들이 이런 생각을 하게 된 계기는 이스라엘 백성의 출애굽 사건에 있었습니다. 이들은 성경을 보면서, 이스라엘 백성들이 출애굽 하여 광야 길을 걸었던 그 여정이 지금 자기들 삶과 같다는 생각을 하게 되었습니다. 이스라엘 백성들이 광야 길을 걸으면서 어떻게 하나님의 백성으로 변해 갔는가 살피던 중, 그들이 늘 하나님과 교제하며 나아갔던 것을 발견하게 되었습니다. 바로 여기에서, 우리도 하루 생활 가운데 얼마를 하나님과 교제하며 보내자는 결론을 얻은 것입니다. 그 '하루 생활 중 얼마를 기도와 성경 읽기로 보내는 운동'에 붙인 이름이 바로 'Quiet Time'입니다.

그리하여 이들은 "경건의 시간을 기억하자. Quiet Time을 기억하자"는 슬로건을 내세워, 다른 학생들에게 이것을 외치고 도전하며 하나의 운동을 일으키기 시작했습니다. 이들은 아침에 혹은 정해진 시간에 성경을 읽고 기도하는 일만 매일매일 했을 뿐인데 그 삶이 변하는 경험을 하게 됩니다. 이 QT 운동을 일으켰던 사람들의 대부분이 훗날 중국 선교사로 헌신하게 된 것은 우연이 아닙니다.

또한 이들의 경건 훈련 방법인 'Quiet Time'은 점점 많은 사람들이 사용하는 하나의 영적 운동으로 자리 잡기 시작했고, 그 후 특히 선교사들이나 사역자들에게 굉장히 좋은 영적 훈련으로

써 그 능력을 발휘하기 시작했습니다. 생각해 보십시오. 중국에 가면, 예배를 자유롭게 드릴 수 있습니까? 예배 한 번 드리려면 목숨을 걸어야 합니다. 지금 우리처럼 자유롭게 예배를 드릴 수 있는 것은 놀라운 축복입니다. 선교사로 나간 분들이 제일 힘들어하는 것이 공식 예배를 마음껏 드릴 수 없다는 것입니다. 그런데 QT는 혼자 해도 됩니다. 그러니까 QT가 사역자들과 선교사들에게 가장 효과적이고 필요한 경건 훈련, 영성 훈련 방법이 될 수밖에 없습니다. 그 후 QT는 100년이 넘게 여러 나라에서 수많은 사람들에게 영향을 미치는 훌륭한 영적 공급처가 되어 왔습니다. 이 QT를 우리말로 '경건의 시간'이라 번역한 것입니다.

재미있는 것은, 세계적으로 QT를 잘하는 사람들은 거의 다 선교사들입니다. 미안하지만 목사들은 저부터 시작해서 QT를 잘 못합니다. 설교 준비를 하고 성경공부 가르칠 것을 준비하다 보면 QT에 대한 소중함, 간절함을 못 느낍니다. 하지만 선교사들은 설교 준비나 성경공부 준비가 늘상 있는 일도 아닐 뿐더러 공예배도 마음껏 드리기 힘든 상황이기 때문에 혼자 하나님 앞에 앉아서 QT하며 스스로 훈련하는 시간을 많이 갖습니다. 이렇게 QT를 열심히 하다가 세계적인 강해 설교가가 된 사람이 데니스 레인이라는 분입니다. 30년간 싱가포르와 말레이시아에서 선교활동을 했는데 그분이 30년간 QT한 노트가 그분의 설교 자료입니다. 언젠가 이분을 만난 적이 있는데, 공항에서 만나 인사를 하는 순간 깊이를 측량할 수 없을 정도로 영성과 인격이 깊은 분임을 알았습니다. 그 영성의 원천은 바로 30년간 했던 QT였습니다. 이처럼 QT는 선교사나 설교자, 사역자들의 영성을 뒷받침하는 아주 좋은 경건 훈련 방법입니다.

# QT의 성경적 근거

경건의 시간의 성경적 근거는 출애굽 한 이스라엘이 약속의 땅으로 들어가기 전 예배하는 백성, 하나님의 백성이 되기 위해 훈련받았던 광야생활입니다. 광야를 지나 요단강을 건너 약속의 땅에 들어가는 것이나, 이 세상을 살아가다가 "요단강 건너서 만나리" 하며 천국 가는 것이나 똑같습니다. 지금 여기는 광야 길이고, 우리는 언젠가 눈물 없고 고통 없는 약속의 땅에 들어갈 소망의 사람들입니다. 하나님께서 광야생활을 하는 이스라엘을 예배하는 백성, 하나님의 백성이 되게 하기 위해 영적 훈련을 시키셨는데 바로 그 훈련이 QT의 성경적 근거가 됩니다.

광야생활의 중요한 포인트는 이스라엘 백성이 마침내 가나안에 도착했다는 데 있는 게 아니라, 애굽의 노예로 길들여진 사람들이 어떻게 약속의 자손이 되었는가 하는 그 변화에 있습니다. 400년간 노예생활을 했다면 머리끝에서 발끝까지 노예로 길들여진 상태여서 하루아침에 그 근성을 바꾸기 어렵습니다. 얼핏 바뀐 것 같아도 속까지 다 바꾼다는 것은 여간 어려운 일이 아닙니다.

우리 삶은 지금 광야생활 중에 있습니다. 애굽에서의 노예 생활이 예수 믿기 전의 삶이라면, 홍해를 건넌 것은 거듭남에 해당합니다. 그러나 아직 가나안 땅에 들어간 것은 아닙니다. 이미 구원은 받았으되 아직 가나안 땅에 들어가지 않은, '이미'와 '아직' 사이에서 바뀌어 가고 있는 중입니다. 그러면 어떻게 옛사람, 노예의 모습을 벗고 하나님의 사람으로 바뀔 수 있을까요? 그 변화를 향한 싸움이 이 광야 같은 신앙생활의 중요한 주제입니다.

지금 우리가 광야 길을 걸어가고 있는 중이라면, 그 옛날 하나님이 이스라엘 백성들을 출애굽시켜 가나안에 들어가기까지 광야를 걷게 하면서 변화시키셨던 그 방법을 우리도 경험해야 한다는 생각이 QT에 깔려 있습니다. 광야생활 가운데 하나님이 그들에게 끝임없이 주신 메시지는 딱 하나, 임마누엘이었습니다. 하나님께서 함께하신다는 것을 끝임없이 알려 주시는 것이 하나님께서 그들을 인도하신 방법이었습니다. 하나님께서 우리와 함께하신다는 임마누엘을 자각하며 살라는 것이었습니다. 어떻게 살 것인지 다른 데서 답을 찾을 필요가 없습니다. 답은 하나, 임마누엘입니다.

# 광야에서의 훈련 방법

광야생활에서 하나님이 이스라엘 백성을 훈련하기 위해, 즉 임마누엘을 끝없이 상기시키기 위해 사용하신 주된 방법은 세 가지였습니다.

**첫째, 구름 기둥과 불기둥**

"구름이 성막 위에서 떠오를 때에는 이스라엘 자손이 그 모든 행하는 길에 앞으로 발행하였고 구름이 떠오르지 않을 때에는 떠오르는 날까지 발행하지 아니하였으며 낮에는 여호와의 구름이 성막 위에 있고 밤에는 불이 그 구름 가운데 있음을 이스라엘의 온 족속이 그 모든 행하는 길에서 친히 보았더라"(출 40:36-38).

하나님은 애굽에서 처음 나올 때부터 그런 방법으로 함께하셨습니다.

"여호와께서 그들 앞에 행하사 낮에는 구름 기둥으로 그들의 길을 인도하시고 밤에는 불기둥으로 그들에게 비취사 주야로 진행하게 하시니 낮에는 구름 기둥, 밤에는 불기둥이 백성 앞에서 떠나지 아니하니라"(출 13:21-22).

구름 기둥과 불기둥은 두 가지 의미를 가지고 있습니다. 즉, 인도와 보호를 뜻합니다. 하나님께서는 구름 기둥과 불기둥으로 항상 그 백성을 인도하고 보호하고 컨트롤해 나가셨습니다.

구름 기둥과 불기둥이 움직이면 백성도 따라가고, 그것이 서면 그들도 같이 서면서 인도를 받았습니다. 이스라엘 백성들은 아침저녁으로 구름 기둥과 불기둥의 인도를 받으면서 무엇을 느꼈을까요? '하나님이 우리와 함께 계시다'는 것을 느끼지 않았겠습니까? 그러면서 '우리는 하나님의 백성이다'라는 것을 상기했을 것입니다.

그런데 구름 기둥과 불기둥이 이스라엘 백성을 어떤 식으로 보호했을까요? 밤에 추울 때는 불 기둥이, 햇빛이 강할 때는 구름 기둥이 따뜻하게 또는 시원하게 그들을 보호했습니다. 낮에 해가 상치 못하고 밤에 달이 해치 못하도록 도와주는 게 구름 기둥과 불기둥의 역할이었습니다. 이스라엘에 가 보면 얼마나 더운지 모릅니다. 낮에 해가 정말 사람을 해하는 게 느껴질 정도입니다. 바로 그럴 때 구름이 지나가면 순식간에 그 구름 기둥 밑은 무지무지 시원해집니다. 조금 있다가 시원해지는 것이 아니라 바로 시원해집니다. 저도 이스라엘에 가서 직접 경험했는데, 그

순간 저도 모르게 “와! 이게 바로 구름 기둥이군요”라는 말이 절로 튀어나왔습니다.

**둘째, 만나**

“너를 낮추시며 너로 주리게 하시며 또 너도 알지 못하며 네 열조도 알지 못하던 만나를 네게 먹이신 것은 사람이 떡으로만 사는 것이 아니요 여호와의 입에서 나오는 모든 말씀으로 사는 줄을 너로 알게 하려 하심이니라”(신 8:3).

“이스라엘 자손이 사람 사는 땅에 이르기까지 사십 년 동안 만나를 먹되 곧 가나안 지경에 이르기까지 그들이 만나를 먹었더라”(출 16:35).

만나를 먹이신 것은 공급(능력 주심)을 의미합니다. 백성들이 광야를 걸어갈 힘을 공급해 주시고, 배고픔을 해결할 수 있도록 만나로 먹이셨습니다.

하나님을 만나로 단순히 배고픔만 해결해 주신 게 아니고, 이것으로 백성을 훈련시키셨습니다. 그래서 그냥 주시지 않았습니다. 이스라엘 백성들은 하나님이 주시는 만나를 거두러 가되 반드시 하루치만 거둬야 했을 뿐 아니라, 안식일 전날에는 이틀 치를 거둬야 했습니다. 그런데 이것은 인간의 상식을 뛰어넘는 일이었습니다. 만나에 센서가 달린 것도 아닐 텐데, 하루치 이상을 거두면 다 썩었던 잉여분이 안식일에는 신통하게 알아서 이틀 동안 안 썩었습니다. 하지만 그들은 그 말씀대로 순종해야 했고, 그러는 가운데 '말씀대로 순종하면 된다'는 훈련을 계속 받았습니다. 만약 그냥 먹여 살리는 것이 목적이었다면 그렇게 복잡하게 안 하셨을 것입니다. 사실 하나님도 귀찮은데 한꺼번에 한 달 치, 아니면 일 년 치씩 저장하게 했으면 그들을 돌보시기가 쉬웠을 것입니다. 그런데 그렇게 하지 않고 날마다 거두게 하셨습니다. 하루하루 그날의 양식을 거두면서 그들이 하나님을 기억하도록 하셨습니다. 내일 먹을 것은 또 내일 주실 것이었습니다. 사람은 저장하고 싶어하지만, 사실 그렇게 뭔가를 쌓아 두면서부터 인간은 부패하기 시작했습니다. 잉여분의 만나가 썩었듯이 말입니다.

만나는 임마누엘을 가르치는 한 방법이었습니다. 하나님을 기억하는 것이 중요하기 때문에 날마다 만나를 먹이신 것입니다.

그뿐만 아니라 만나의 훈련을 통해 이스라엘 백성들은 굉장한 불안감을 하나님을 믿는 신앙으로 극복해야 했습니다. 사실 그들은 '내일 혹시 만나가 안 내리면 어떡하지' 하는 불안감을 느꼈을 것입니다. 하지만 다음날 나가 보면 또 만나가 내리고 있었습니다. 사람이 저축을 하는 것은 미래에 대한 불안감 때문입니다. 그런데 하나님은 "저축해서 너 스스로 쌓지 말고 나를 신뢰하라"고 하십니다. 그런 신뢰를 반복해서 가르치는 것이 만나였습니다.

**셋째, 회막**

"여호와께서 회막에서 모세를 부르시고 그에게 일러 가라사대 이스라엘 자손에게 고하여 이르라 너희 중에 누구든지 여호와께 예물을 드리려거든 생축 중에서 소나 양으로 예물을 드릴찌니라 그 예물이 소의 번제이면 흠 없는 수컷으로 회막문에서 여호와 앞에 열납하시도록 드릴찌니라"(레 1:1-3).

하나님께서 어디서 모세를 부르셨습니까? 회막이었습니다. 그 회막이 이스라엘 백성을 훈련시키는 하나님의 방법 중 또 하나였습니다.

회막이란 영어로 'Tent of Meeting'입니다. 즉, '만나기 위한 텐트'입니다. 하나님과 백성이 만나는 텐트입니다. 출애굽기 25장에서부터 회막 짓는 것에 대해 거듭 말씀하신 것은 회막을 통해 백성과 계속 교제하시기 위함이었습니다.

"거기서 내가 너와 만나고 속죄소 위 곧 증거궤 위에 있는 두 그룹 사이에서 내가 이스라엘 자손을 위하여 네게 명할 모든 일을 네게 이르리라"(출 25:22).

하나님께서는 사방으로 진을 치게 하고 이스라엘 진 중앙에 회막을 두셨습니다. 모든 진들이 회막을 바라보도록 배치하여 백성들이 장막 문을 열고 나오면 회막이 바로 보이도록 말입니다. 회막에 구름이 떠오르면 그들은 기뻐 찬양했습니다. 여호와께서 열납하셨다는 뜻이기 때문이었습니다. 그들에게는 하나님을 만나고 싶을 때 달려갈 곳이 있었던 것입니다. 사실 지금 교회에 이런 회막의 기능이 있습니다. 회막은 임마누엘을 보여 주는 장소였습니다.

회막은 교제와 멤버십 확인을 의미했습니다. 이스라엘 백성이 회막에 들어갈 수 있다는 것은 일종의 멤버십을 확인하는 것이었습니다. 회막에 들어가는 자들은 하나님의 자녀들이었습니다. 누구나 회막에 들어갈 수 있는 게 아니었습니다. 이방인은 못 들어갔습니다. 회막에 갈 때마다 그들은 자신이 하나님의 백성임을 다시 한 번 확인하고 무너진 가치관을 재정립할 수 있었습니다.

구름 기둥과 불기둥, 만나, 회막, 이 세 가지가 하나님이 출애굽 한 이스라엘 백성을 인도하신 방법입니다. 하나님은 그 방법들을 통해 그들과 함께하신다는 사실을 끊임없이 기억하게 하셨고 그들이 하나님을 잊는 순간에는 반드시 문제가 터졌습니다. 이 세 가지 방법의 공통적인 목표는 임마누엘이지만, 그 각각이 의미하는 바는 달랐습니다. 구름 기둥과 불기둥은 인도와 보호를, 만나는 공급(능력 주심)을, 그리고 회막은 교제와 멤버십 확인을 의미했습니다.

이 모든 것이 QT에 그대로 적용됩니다. QT를 통해 우리도 불기둥과 구름 기둥의 역사, 만나의 역사, 회막의 역사를 경험하게 됩니다. 바로 그 세 가지 영역에서 영적 유익을 얻게 됩니다.

quiet time for beautiful life

# QT의 세 가지 유익

**첫째, 하나님과의 교제를 통해 우리가 그분의 자녀인 것을 확인하게 됩니다.**

QT를 하면 우선 하나님과의 교제가 강화됩니다. 하나님은 말씀을 통해 그분과의 교제에 대해 얼마나 많이 말씀하시는지 모릅니다. 삶이 엎질러진 물 같을 때 그것이 비록 책망의 말씀이라 할지라도 결론적으로는 "너는 내 자녀다"라는 말씀을 주십니다. 인간이란 자꾸만 잊어버리고 사는 존재입니다. 내가 어떤 존재인지, 무엇을 하며 살아야 하는 건지, 알았다가도 또 잊습니다.

QT하면 하나님께서는 너는 내 사람이라고 끊임없이 확인시켜 주십니다. 정체성이 흔들릴 때, "너 하나님의 사람아!"라는 말씀을 들려주십니다. 이것 하나만 가지고도 QT 안 할 이유가 없습니다.

**둘째, 하나님께서 우리의 삶을 어떻게 인도하시길 원하는지 알게 됩니다.**

QT를 하면서 하나님의 인도를 받습니다. 하나님은 우리가 복잡하고 인간적으로 풀기 어려운 문제 가운데 있을 때 말씀 한 구절로 명쾌하게 정리해 주시기도 합니다. 저의 경우 처음 미국에서 목회하길 망설일 때, QT하는 가운데 예수님이 목자 없는 양을 불쌍히 여기신다는 말씀을 읽고 마음을 굳히기도 했습니다. 물론 그렇다고 해서 QT할 때마다 점치듯이 말씀을 보라는 건 아닙니다.

하나님은 우리에게 필요할 경우 너무도 구체적으로 그 길을 말씀으로 인도해 주십니다. 그런데 이렇게 인도받으려면 먼저 하나님에 대한 신뢰가 있어야 합니다.

**셋째, 하나님께서 원하시는 그 길을 걸어갈 힘을 공급받습니다.**

하나님이 인도하시는 길을 알아도 갈 힘이 없어 못 가면 아무 소용없지 않겠습니까? 그런데 바로 그 힘을 QT를 통해 공급받는다는 것입니다. 방향을 알아도 힘이 없으면 갈 수가 없으므로 끝없이 힘을 주시는 것입니다.

저는 LA에서 목회하기로 결정하고 비자를 신청한 후 한동안 비자가 나오지 않는 절망스러운 상황을 겪었습니다. 하지만 아침에 QT하려고 말씀만 펴면 힘을 얻곤 했습니다. 아마 그때 QT를 안 했으면 못 버텼을 것입니다.

교제, 인도, 공급. QT하면서 얻을 수 있는 이 세 가지 영적 유익을 꼭 기억하십시오. “하나님 제가 또 왔어요. 저 아시죠?” 하면 하나님은 “내가 너를 어떻게 잊겠니? 보통 속을 썩여야지” 하시면서 우리가 그분의 자녀임을 확인시켜 주십니다. 또 “저 어떻게 살아가면 좋죠, 하나님?” 하고 물으면 그것을 가르쳐 주십니다. 그리고 “하나님, 저 힘 없어요” 하면 하나님께서 힘을 부어 주십니다.

quiet time for beautiful life

# QT의 세 가지 보너스

QT의 세 가지 유익 뒤에 자연적으로 파생되는 것들이 있습니다. 즉, QT에는 세 가지 유익만 있는 것이 아니라 세 가지 보너스도 있습니다.

**첫째, '치유'가 일어납니다.**

QT는 치유와 아주 밀접한 관계가 있습니다. 우리는 QT로 내면의 상처를 치유받게 됩니다. QT를 통해 치유받는 것이 치유사역의 50퍼센트 이상일 것입니다. 결국 우리를 치유하는 것은 말씀이기 때문입니다.

이성훈 집사라는 분이 내적치유 세미나를 많이 하면서 깨달은 것이 있었습니다. 사람들이 세미나 당시에는 은혜를 받아 '난 이제 치유받았다'고 해 놓고는 돌아가서 또다시 상처받고 되돌아오더라는 것입니다. 그렇다면 도대체 세미나를 하는 것이 무슨 소용이 있겠습니까? 그런데 이분이 이 문제로 갈등하다가 발견

한 것이 바로 QT였습니다. QT를 통해서 치유가 지속된다는 것을 깨닫고 『치유적 QT』라는 책을 쓰기도 했습니다. 제가 볼 때 그분이 깨달은 것이 맞습니다.

저의 경우 내적치유 세미나를 하려고 하면 사단의 공격을 많이 받습니다. 그래서 강단에 선다는 것 자체가 너무도 힘겹습니다. 제 안에 있는 온갖 상처들, 특히 열등감이 마구 공격하곤 합니다. 그런 어려움을 받고 있던 때 QT를 하는데 "사무엘이 자라매 여호와께서 그와 함께 계셔서 그 말로 하나도 땅에 떨어지지 않게 하시니"(삼상 3:19)라는 말씀을 받은 적이 있습니다. 그 말씀으로 하나님이 저를 얼마나 치유하고 세우셨는지 그때의 감격이 지금도 느껴집니다.

하나님은 내가 바닥까지 내려가 무너져 있을 때 QT를 통해 힘 주시고 격려해 주십니다. 교만할 때 때려 주시는 것도 사실은 공급입니다. 그리고 그 치유 상태가 지속되도록 도와주십니다.

**둘째, '하나님의 마음'을 갖게 됩니다.**

QT를 통해 하나님의 경향을 강화시켜 나가다 보면 자기도 모르는 사이에 하나님의 마음을 갖게 됩니다.

"내가 이새의 아들 다윗을 만나니 내 마음에 합한 사람이라 내 뜻을 다 이루게 하리라"(행 13:22).

하나님의 마음을 갖게 되면 그분의 마음을 가진 자로서 당연히 '사역'이 시작됩니다. 어느 날 갑자기 저더러 "유진소 목사, 남미(南美)로 가"라고 말씀 안 하셔도, '남미' 얘기만 들어도 갈 결심을 하게 되는 것입니다. 인간적인 마음으로 들으면 '남미? 못 사는 데잖아' 하면서 그냥 넘어갈 텐데, 하나님의 마음이 되면 그곳 심령에 대해 연민을 느끼게 됩니다. 그 사람들도 다 하나님 자녀니까 말입니다.

짐 엘리엇 등 5명의 뛰어난 선교사들이 에콰도르의 아우카족에게 선교하러 갔다가 몰살당한 일이 있었습니다. 그 처참한 사진이 잡지에 실리면서 공개되었을 때 미국 선교계 일각에서는 "더 이상 우리는 미국의 고급 인력을 이렇게 비참하게 희생시킬 수 없다"고 했습니다. 본국에 있으면 더 큰일을 할 텐데 선교지에 가서 일도 못 해보고 죽은 그 귀한 생명들이 너무도 아까우니 선교사를 보내지 말자고 했습니다. 그런데 그것은 우리 인간의 마음입니다. 그 선교사들의 유가족 가운데 짐 엘리엇의 부인인 엘리자베스 엘리엇이 남편 대신 아우카족에게 선교를 하기 위해 간호사의 신분으로 간 것입니다. 그녀는 여자를 죽이지 않는 그들의 전통 때문에 무사히 그 부족에게 가서 그들을 섬겼고, 평생을 그들에게 바쳤습니다. 이것은 누구의 마음입니까? 바로 '하나님의 마음'입니다. 아버지의 마음, 창조자의 마음입니다.

미국에서 명문 대학을 나온 사람이 아프리카에 가서 고아들, 그것도 장애가 있는 아이들을 돌보느라 고생하고 수고합니다.

그들을 보며 우리는 이렇게 말할 수 있습니다.

"그게 무슨 낭비냐? 미국에서 제일 좋은 대학 나온 사람이 왜 아프리카에 가서 그 고생인가? 그 장애인들이 뭘 안다고 말이지."

그러나 그것은 우리 마음이고, 창조자의 마음에는 그 장애인 고아나 미국의 수재나 똑같이 귀한 자녀입니다. 그 마음이 있어서 헌신할 수 있는 것입니다. 그래서 사역자의 모든 마음은 다 '하나님 마음'이라고 할 수 있습니다.

요나서의 마지막 주제가 '하나님 마음'입니다. 요나가 계속 니느웨에 안 간다고 버티자 마지막에 하나님이 박넝쿨을 이용해서 말씀하십니다.

"여호와께서 가라사대 네가 수고도 아니하였고 배양도 아니하였고 하룻밤에 났다가 하룻밤에 망한 이 박 넝쿨을 네가 아꼈거든 하물며 이 큰 성읍, 니느웨에는 좌우를 분변치 못하는 자가 십이만여 명이요 육축도 많이 있나니 내가 아끼는 것이 어찌 합당치 아니하냐"(욘 4:10-11).

이것이 아버지의 마음입니다. 이 말씀 하나로 이제 요나의 방황은 끝난 것입니다. 아마도 요나는 이 말씀을 듣고 눈물을 흘리면서 니느웨로 갔을 것입니다.

이처럼 우리가 QT를 하다 보면 자기도 모르게 하나님의 마음을 갖게 되고, 그 마음을 갖게 되면 이제 사역이 시작됩니다.

하나님의 마음이 생겨야 사역이 시작되는 것입니다. 사역을 복잡하게 생각하지 마십시오. 하나님 나라를 이루는 일은 다 사역입니다. 밥하는 것도, 청소하는 것도 마찬가지입니다. 작든 크든 사역을 하려면 절대적으로 필요한 것이 하나님의 마음입니다. 그 마음이 없이는 어떤 사역도 하지 못 합니다. 하나님의 마음이 있어야 용서도 하는 것이고, 축복도 하는 것이고, 견디기도 하는 것이고, 결단도 하는 것이며, 포기도 할 수 있습니다. QT를 하면서 우리는 중보기도도 하고 남을 도와주기도 합니다.

**셋째, 사역을 위한 말씀 훈련을 받게 됩니다.**

우리가 어떤 식으로 사역하든 모든 사역자는 말씀을 가지고 사역할 수밖에 없습니다. 나눌 말씀이 있어야 사역을 할 수 있습니다. 저처럼 직접 설교하는 사람이 아니라 할지라도, 어떤 방법이든 말씀을 통해서 사역하게 되어 있습니다. 그 말씀은 내 말이 아니고 하나님이 주신 말씀이기 때문에 능력이 있습니다. 그런데 말씀 훈련은 QT하는 가운데 이루어지게 됩니다.

이때 조심할 점이 있습니다. QT할 때 받은 말씀은 언제나 하나님이 내게 주신 말씀이라는 사실입니다. 다른 사람에게 줄 말씀을 나에게 주실 이유는 없습니다. 내가 받은 모든 말씀은 나한테 주신 것이고, 다른 사람과는 그것을 나눌 뿐입니다. '너도 듣고 적용하려면 하라'는 마음으로 나누어야지, '너 이렇게 안하면 망한다'는 식이 되어서는 안 됩니다.

QT하며 받은 말씀을 나누는 가운데 우리 안에서는 하나님의 경향이 강화됩니다. 자기도 모르는 사이에 하나님의 마음을 가진 사람으로 사역하는 축복을 누리게 됩니다.

제가 이렇게 QT하면서 받는 축복을 구구절절 강조하는 이유는 QT가 그렇게 쉽지만은 않기 때문입니다. 이렇게 강조해도 사람들이 QT를 잘 안 합니다. 하지만, QT하는 목적을 알고 QT를 통해서 얻을 수 있는 영적 유익 세 가지와 보너스 세 가지, 이렇게 여섯 가지를 외우고 있으면 QT하고 싶다는, QT를 해야 한다는 마음이 조금 더 많이 생길 것입니다.

quiet time for beautiful life

# QT를 잘하기 위한 5가지 요소

**첫째, QT의 출발은 먼저 하나님의 자녀로서 하나님의 자녀답게 살려는 헌신과 결단을 하는 것입니다.**

모든 영적인 일은 결단 없이는 시작할 수 없고, 헌신 없이는 이루어지거나 지속되지 않습니다. 아무리 작은 일이라도 마찬가지입니다. 그냥 자연스럽게 놔두어도 거저 되는 일은 영적인 일이 결코 아닙니다. 그런 것은 죄짓는 일밖에 없습니다. 죄짓는 것은 우리 본성상 아주 쉽습니다. 'QT? 그냥 하면 되지, 뭐' 하며 가볍게 생각하지 말고 단호하게 결단해야 합니다.

그런데 과연 몇 년쯤 QT를 해야 그냥 자동으로 QT가 될까요? 10년을 해도 자동으로는 안 되는 게 QT입니다. 아무리 오래 해도 영적인 일은 언제든 쉽게 되지 않습니다. 저도 여전히 기회만 되면 빼먹으려고 합니다. 꾸준히 QT한다는 게 참 어렵습니다. 또 핑계대고 빠져 나갈 요소가 여기저기 굉장히 많습니다. 그렇기 때문에 언제나 하나님 앞에서의 결단이 있어야 하고 헌신

이 있어야 합니다.

QT를 이미 해 왔다면 새롭게 시작한다는 마음으로, 그리고 아직 한 적이 없다면 오늘부터 하겠다는 마음으로 결단문을 써 보십시오.

결단과 헌신 없이 QT하면 방해가 따르기 마련입니다. 우선, QT 시간 확보가 왜 그렇게 어려운지 모릅니다. 괜히 바빠지고, 갑자기 손님이 찾아 오고, 난데없이 전화가 걸려옵니다. 간혹 사단이 전화국을 장악한 것이 아닌가 싶을 때도 있습니다.

이스라엘 백성도 광야생활을 시작하면서 결단을 했습니다. 출애굽 한 후 곧바로 광야생활로 들어간 것이 아니고 하나님 앞에서 결단식을 했습니다.

"세계가 다 내게 속하였나니 너희가 내 말을 잘 듣고 내 언약을 지키면 너희는 열국 중에서 내 소유가 되겠고 너희가 내게 대하여 제사장 나라가 되며 거룩한 백성이 되리라 너는 이 말을 이스라엘 자손에게 고할찌니라 모세가 와서 백성의 장로들을 불러 여호와께서 자기에게 명하신 그 모든 말씀을 그 앞에 진술하니 백성이 일제히 응답하여 가로되 여호와의 명하신 대로 우리가 다 행하리이다 모세가 백성의 말로 여호와께 회보하매"(출 19:5-8).

이때 분명히 백성들은 "우리가 그렇게 하겠습니다"라고 헌신하고 결단했습니다. 당신도 이제 QT를 시작하면서 헌신하고 결단해야 합니다. 결단의 기도를 드려야 합니다.

그리고 QT하기로 하나님 앞에 헌신하고 결단했다면, 영적 부담감을 가지고 QT 훈련에 매달려야 합니다. QT 훈련은 좁은 문이기 때문에 통과하기가 쉽지 않습니다. 인간의 죄 된 본성상 하나님의 경향으로 가는 것은 결코 쉬운 일이 아닙니다. 노력하고 애써야 겨우 갈 수 있으며, 그렇게 애쓰는데도 어느덧 가다 보면 또 넓은 길로 가고 있는 자신을 발견하기도 합니다. QT를 해도 어느 날 보면 형식적으로 하고 있을 때가 많습니다. 그러므로 QT할 때는 끊임없이 노력하고 기도하고 계속 결단하는 자세가 필요합니다.

**둘째, QT를 시작하는 데 가장 기본이 되는 우리의 실천은 시간을 드리는 것입니다.**

인생을 여러 가지로 표현할 수 있겠지만, 무엇보다도 '시간'으로 표현할 수 있습니다. '인생은 육십부터', '인생에 황혼이 깃들 때'라는 말이 있는가 하면, 성경에도 "우리의 년수가 칠십이요 강건하면 팔십이라도"(시 90:10)라는 말씀이 있습니다. 모두 다 시간에 대한 얘기입니다. 시간이 바로 우리 인생입니다. 그래서 하나님께 매일 정해진 시간을 드리는 것은 우리 인생을 드리는 것과 같습니다. 삶을 드려 하나님과 교제하는 데 가장 기본이 되며 필수적인 일이 시간을 드리는 것입니다.

"네가 단 위에 드릴 것은 이러하니라 매일 일 년 된 어린 양

두 마리니 한 어린 양은 아침에 드리고 한 어린 양은 저녁때에 드릴찌며 한 어린 양에 고운 밀가루 에바 십분 일과 찧은 기름 힌의 사분 일을 더하고 또 전제로 포도주 힌의 사분 일을 더할찌며 한 어린 양은 저녁때에 드리되 아침과 일반으로 소제와 전제를 그것과 함께 드려 향기로운 냄새가 되게 하여 여호와께 화제를 삼을찌니"(출 29:38-41).

여기 "아침과 저녁에 제물을 드리라"는 말씀에서 중요한 것은 제물 그 자체가 아니라 아침과 저녁이라는 시간입니다. 시간을 드리라는 것입니다. 이렇게 시간을 드리면 어떤 일이 벌어지는지 46절에 나옵니다.

"그들은 내가 그들의 하나님 여호와로서 그들 중에 거하려고 그들을 애굽 땅에서 인도하여 낸 줄을 알리라 나는 그들의 하나님 여호와니라."

시간을 드리면 하나님과 교제가 형성된다는 것입니다. 시간을 드릴 때 하나님이 우리 가운데 계신다는 것입니다. 그래서 QT에서 시간을 드리는 것이 무엇보다도 중요합니다.

하루 중에서 아무런 방해도 받지 않고 하나님과의 교제를 위해 따로 구별하여 드릴 수 있는 시간은 언제입니까? 하루 스케줄을 보면서 '내가 방해받지 않고 하나님과만 교제할 수 있는 시간이 있다면 언제가 좋겠는가?'를 생각해 보십시오.

저는 되도록이면 아침 시간이 좋다고 생각합니다. 그 이유는 다음과 같습니다.

① 하루를 시작하면서 먼저 하나님의 지시를 받고 살아간다는 의미에서 아침 시간이 좋다는 것입니다.

② QT계의 양대 산맥인 다윗과 예수님도 아침에 경건의 시간을 갖는 모델을 보였기 때문입니다. 예수님도 "새벽 미명에", 다윗도 "아침에" 하나님과 교제했다는 말씀이 성경에 여러 번 나옵니다.

③ 이스라엘 백성이 만나를 거두러 갔던 시간도 이른 아침이었기 때문입니다. 만나가 QT의 모델이라고 본다면 그야말로 QT는 아침에 하는 게 맞습니다. 그러나 아침 시간을 드린다는 것이 쉬운 일은 아닙니다.

처음 QT 운동을 시작했던 캠브리지의 서튼이라는 학생도 게으름 때문에 아침 시간을 주님께 드리는 일에 자꾸 실패했습니다. 안 되겠다 싶었던 그는 장치를 하나 고안해 냈습니다. 자명종이 울리면 그 진동으로 낚싯대가 흔들리고, 그 낚싯대 끝에 걸어 둔 담요를 자동으로 걷게 하여 일어날 수 있도록 한 것입니다. 잘못하다 코를 꿰일 수도 있었겠지만 그가 그렇게까지 노력했다는 것은 그만큼 아침 시간을 드리는 일이 힘들다는 증거입니다. 또한 그만큼 아침 시간을 드리는 것이 중요하다는 뜻입니다.

그런데 아침 시간을 고집하다가 QT를 못하는 것보다는 지혜롭게 다른 시간을 구별해 놓는 것이 더 중요합니다. 예를 들어, 주부가 아침 시간을 드리기로 해 놓고는 아침에 좀 늦게 일어났다고 합시다. 그런데 그 시간에 가족들 밥은 안 챙기고 QT만 하고 앉아 있으면 그 집안이 온전하겠습니까? 당장 집안에 난리가 나겠지요. 그렇게 아침 스케줄에 지장을 주는 것보다는 차라리 남편과 자녀들이 출근하고 등교한 다음 조용하고 한적한 시간에 QT하는 것이 좋습니다. 그것이 그 사람에게는 가장 좋은 시간입니다.

아침 일찍 출근해야 하는 사람도 마찬가지입니다. 늦게 일어났으면 바로 출근을 서둘러야지, QT하다가 지각이라도 하면 사장님이 봐 주겠습니까?

제가 교회의 담임 목사로 있지만, 'QT하다가 늦었다'고 하는 사역자나 스태프를 곱게 봐 줄 수는 없습니다. 회사에 다니는 사람들은 차라리 일찍 출근해서 일하기 전에 책상에 앉아서 QT를 하면 됩니다. 그러면 좀 일찍 출근하니까 교통정체에도 안 걸리고 기분도 상쾌합니다. 또 그 모습을 상사가 보면 '아, 일찍 와서 열심히 일 하는군' 하면서 월급을 올려 줄 수도 있습니다. 이런 것을 보고 '영육 간에 유익하다'고 하는 것입니다. 여하튼 가장 은혜롭게 하나님과 나만 교제할 수 있는 시간을 구별하는

데 지혜를 동원해야 합니다.

**셋째, 어떤 방해도 받지 않고 하나님과 교제할 수 있는 지성소를 찾아야 합니다.**

광야 시절, 성막은 뜰, 성소, 지성소라는 세 부분으로 나뉘어 있었습니다. 그중 지성소(Holy of Holies)에는 하나님의 법궤만 놓여 있었습니다. 그 법궤 뚜껑을 '속죄소' 혹은 '시은좌'라고 했는데, 이곳 지성소에서는 아무것에도 방해받지 않고 오직 하나님과 나만 있게 됩니다. 이 개념대로 보자면, 나와 하나님과 단둘이 있는 곳은 모두 지성소입니다. 예수님이 십자가에서 돌아가실 때 성소와 지성소 사이를 막았던 휘장이 찢어져 이제 세상 어느 곳이든 지성소가 될 수 있습니다. 단, 그곳에는 나와 하나님 둘만 있어야 합니다.

지성소에 들어가면 하나님께서 죄를 용서해 주시고 은혜를 베푸는 역사가 일어납니다. 하나님과 단둘이 있으면 내 죄를 용서받고 은혜를 받는다는 것입니다. 이렇게 방해받지 않고 하나님과 단둘이 교제할 수 있는 장소를 꼭 확보해야 합니다. 이것은 우리가 해야 할 물리적인 노력입니다. QT할 때 가족이나 회사동료에게 방해받지 않도록 노력해야 합니다. 장소를 위한 제안을 드리자면 다음과 같습니다.

① 골방이나 방해받지 않는 조용한 곳이 있으면 거기가 제일 좋습니다.

② 가족이나 다른 사람들에게 노출된 공간이면 양해를 구하십시오. 거실에서 QT하는데 가족들이 왔다 갔다 하면 양해를 구하십시오. '내가 QT 중이니까 건드리지 말라'고 하든가, 말로 하기가 어색하면 조그만 카드에다 'QT 중'이라고 써 놓고 QT를 하면 됩니다. 우습다고 생각하지 말고 정말로 그렇게 해야 합니다.

③ 불가피하게 지하철이나 버스 등 출근길에 QT하는 경우도 있는데, 그럴 때는 이어폰을 꼽고 찬송을 들으면서 QT하는 게 좋습니다. 각종 소리들로 하나님께 집중이 안 되기 때문입니다. 차 안에서 테이프를 들으며 QT하는 사람도 있습니다. 일명 '달리는 QT'입니다. 어디가 되었든 하나님과 나만 안정적으로 교제할 수 있는 장소를 확보하는 것이 좋습니다.

우리 삶에 지성소를 정하면 어떤 유익이 있을까요? 늘 똑같은 장소를 경건한 장소로 삼으면 QT가 잘 됩니다. 장소가 그리 중요하냐고 반문할 수도 있겠지만, 일정한 장소를 확보하는 것은 QT를 지속할 수 있는 힘이 됩니다. 그래서 모든 영적 거장들은 자기 나름대로의 지성소를 가졌습니다. 마치 야곱이 하나님을 만나러 벧엘로 올라갔듯이 말입니다.

예를 들면, 무디의 어머니는 침대 모퉁이가 그의 지성소였습니다. 그녀는 거기서 무릎 꿇고 기도하면서 팔 남매를 키웠습니다. 또 그 유명한 조지 뮬러 같은 사람은 지하실에서 드린 기도로 수만 명의 고아를 먹여 살리는 역사를 일으켰습니다. 이런 식으로 누구에게나 다 그만의 경건한 장소가 있습니다.

장소를 바꾸면 QT가 잘 안 됩니다. 그래서 여행갈 때 QT하기가 아주 힘듭니다. 장소가 바뀌어서 그렇습니다. 그때는 이를 악물고 QT해야지, 대충 넘어가면 거르기 십상입니다.

시간과 장소를 정하고, 이것을 매일 지킬 수 있도록 도와주시고 함께해 주시기를 하나님께 기도하고 하나님과 약속하십시오. 사람과의 약속도 지키는데 어찌 하나님과의 약속을 어길 수 있겠습니까? 그 약속을 결코 가볍게 여겨서는 안 됩니다. 이와 같은 영적 결단으로 울타리를 쳐서 악한 영이 그 시간을 빼앗아가지 못하도록 해야 합니다.

**넷째, 다른 경건 훈련으로 QT를 대신해서는 안 됩니다.**

특별새벽기도를 했다든가, 주일예배를 드렸다고 해서 QT를 걸러서는 안 된다는 말입니다. 부흥회 때문에 QT가 흐트러지는 경우도 있습니다. 그러나 다른 경건 훈련을 하더라도 QT는 계속 해야 합니다. 다른 경건 훈련과 QT는 본질적으로 개념이 다르기 때문입니다. 다른 경건 훈련으로 QT를 대신해 버리면 QT 하는 횟수가 점점 줄면서 나중에는 아예 못하게 됩니다. 그럴 바에야 차라리 다른 경건 훈련을 택해서 계속 하는 게 낫지, QT 한다고 하면서 다른 것으로 대치하기 시작하면 QT가 결국 죽어 버립니다.

QT는 성경공부나 기도모임 등의 경건 훈련과는 다른 개념의 경건 훈련입니다. QT는 대치될 수 없는 QT만의 자리를 갖습니다. 어떤 것도 QT를 대신할 수 없습니다. 혹 다른 훈련을 받더라도 QT를 계속해 나가야 합니다.

잠깐 여기서 QT와 다른 경건 훈련을 좀 더 자세히 비교해 보겠습니다.

① 객관적인 진리를 발견하는 데 중점을 두기보다는 그날 주신 말씀이 그날 나의 하루 삶을 인도하시는 구체적이고 직접적인 하나님의 음성이라는 것을 강조하는 측면에서 QT는 성경공부와 구별됩니다.

QT는 그날 내게 직접 주시는 하나님의 음성입니다. 성경공부는 모든 사람에게 적용될 객관적 진리를 발견하는 것이지만, QT 하다가 받은 말씀이 남들에게는 객관성이 없을 수도 있습니다. QT에서는 '엿장수 마음대로'라는 말이 통합니다. 내가 받았다는

데 남들이 무슨 말을 하겠습니까? 사실 내가 받은 말씀이 그날 본문의 핵심이 아닐 수도 있지만, 그래도 상관없습니다. 물론 성경 전체의 진리나 하나님의 일반적인 성품과는 어긋나지 않아야 하겠지만, 언제나 모든 사람에게 적용되는 진리는 아닐 수 있습니다.

제가 한번은 마태복음으로 QT를 하는데, 그날 내용이 헤로디아의 딸이 헤롯 앞에서 춤을 추고 나서 요한의 목을 달라고 요구하는 장면이었습니다. 아무리 읽어 봐도 누구 목을 자를 일도 없고 해서, 그날 주시는 말씀이 없나 생각하고 있었습니다. 그러면서 말씀을 계속 읽는데 갑자기 '헤로디아의 딸이 춤을 추어 헤롯을 기쁘게 하였더라'는 말씀이 눈에 들어왔습니다. 그래서 "이게 무슨 말씀입니까" 하고 하나님께 물었더니 "너도 나를 위해서 기쁨의 춤을 춰라" 하시는 겁니다. 사실 이것은 본문과는 동떨어진 내용입니다. 헤로디아의 딸이 춤을 추어 누군가를 기쁘게 한 것 자체는 좋은 일인데, 누구를 기쁘게 했는가에 따라서 그게 악이 되기도 하고 선이 되기도 하니까 "너는 나를 위해서 춤을 추라"고 하나님이 말씀하시는 것이었습니다. 그래서 저는 "하나님을 위해 춤을 추겠습니다"라는 결론을 내렸습니다.

제가 그날 어떻게 인도를 받았는지 아십니까? 그날은 서울대 캠퍼스에 성경공부를 인도하러 가는 날이었습니다. 교통정체에 걸려 한두 시간씩 고생해서 가는데 막상 가 보면 학생들은 예닐

곱 명 참석하는 정도였습니다. 그래서 평소에 '나는 이렇게 열심히 왔는데 너희들은 왜 안 오느냐'는 좀 서운한 감정이 분노와 섞여 있었습니다. 그날도 너무너무 가기 싫었는데, 하나님께서 주신 "너는 서울대에 가서 나를 위해 춤을 추라"는 말씀을 의지해 저는 학생들이 오든 안 오든 상관하지 않고 춤추기 위해 학교에 갔습니다. 그리고 학생들을 만나자마자 "나는 오늘 춤추러 왔다"고 말했습니다.

사실 그 본문은 그것을 말하고자 하는 것이 전혀 아닙니다. 하지만 받은 말씀대로 함으로써 저는 그날 그곳에서 내 안의 어떤 막힌 담 같은 것을 허물 수 있었습니다. QT를 하다 보면 이처럼 어떤 때는 하나님께서 저 구석에 있는, 핵심이 아닌 주변의 것들로도 제게 뭔가 말씀을 주실 때가 있습니다. 이렇게만 보더라도 QT는 성경공부와 구별됨을 알 수 있습니다. 성경공부는 이 말씀이 객관적으로 무슨 뜻인가를 우선 찾아내어 삶에 적용하는 데 중점을 둡니다. 그러므로 성경공부했기 때문에 QT 안 한다는 것은 잘못입니다.

방송용 QT 설교는 듣는 사람들을 고려해서 어느 정도 객관적으로 하게 되지만, 실제 QT는 내 삶을 구체적으로 인도하시는 하나님의 음성입니다. 본문의 뜻보다는 하나님의 직접적인 음성이라는 부분이 더 강조됩니다. 그래서 QT한 내용을 그대로 신학화하면 자칫 이단이 되는 수가 있습니다. QT에 열심인 사람이 보수 교단으로부터 신비주의라는 공격을 듣는 것도 바로 이런 측면 때문입니다. 그런 오해를 받을 만한 소지가 있는 게 사실입니다. 제 경우처럼 전혀 본문과 상관없는 말씀이 툭 떨어져 나와서 나를 잡을 수 있습니다. 그러면 그것을 가지고 하루를 사는 것입니다.

② QT는 주신 말씀에 근거하여 나의 삶을 주님 앞에 펼쳐 놓고 말씀에 따라 기도한다는 면에서 단순한 기도시간과 구별됩니다.

사람들은 대부분 기도할 때 자기 속에 있는 것으로 기도합니다. 그런데 자기 속을 지배하는 내용들이라는 게 거의 뻔한 것들이라 기도의 범위가 좁을 수밖에 없습니다. 하지만 주신 말씀으로 기도하면 기도의 지평이 넓어집니다.

기도는 내 마음에 급한 것이 나오는 것입니다. 그래서 무릎 꿇을 때마다 급한 것이 튀어나오게 되어 있습니다. 농담이지만, 화장실에 가면 작은 것과 큰 것 가운데 어떤 게 먼저 나옵니까? 정답은 '급한 것부터 나온다'입니다. 이것은 기도생활에서도 마찬가지입니다. 기도도 영적 생리 현상이기 때문에 우리 마음에 급한 것이 먼저 튀어나오게 되어 있습니다. 그러니까 엎드리면 내게 급하고 절실한 문제부터 하나님께 내어놓게 되어 있습니다.

그런데 QT 기도는 그렇게 하는 것이 아닙니다. QT는 하나님과의 교제입니다. 하나님과의 교제란 하나님과 나 사이에 상호

오가는 것이 있는 것입니다. 하나님께로부터 오는 것은 말씀입니다. 그리고 나에게서 하나님께로 가는 것은 기도입니다. QT할 때는 이렇게 하나님과 나 사이에 대화가 이루어집니다. 그렇게 대화가 되려면 적어도 이야기의 주제가 통해야 합니다. 하나님은 지금 나한테 "거룩하라"고 하시는데 나는 당장 눈앞의 급한 일을 해결해 달라고 부탁하고 있다면 전혀 대화가 안 통하는 것입니다.

뭔가를 간구하는 기도도 물론 중요합니다. 나쁘다는 것이 아닙니다. 하지만 그런 기도는 다른 시간에 따로 하고, QT 시간에는 주시는 말씀에 따라서 기도해야 합니다. 그런 면에서 일반 기도시간과는 구분됩니다. 정말 많은 사람들이 QT할 때 실패하는 이유가 바로 이것입니다. 말씀을 가지고 기도하지 않고 자신의 급한 문제를 가지고 기도합니다. 그러면 하나님과 대화가 안 이뤄집니다. 하나님의 뜻대로 내가 인도받을 수가 없습니다. 나는 계속 내 소리만 하고 하나님은 하나님 말씀만 하시니까 둘 사이가 안 통한다는 말입니다. QT 시간에는 항상 말씀을 붙들고 기도하는 것이 중요합니다.

③ 하나님과 단둘이 만나서 교제한다는 면에서 공공예배와 구별됩니다.

주일예배를 드렸어도 QT는 QT대로 해야 합니다. 공공예배는 성도들이 함께 드리는 것이고, QT는 하나님과 단 둘이서만 교제하는 것입니다.

**다섯째, QT는 매일 먹는 영적 양식임을 기억해야 합니다.**

어제 무슨 일 때문에 QT를 못했다고 해서, 오늘 어제 것까지 하지는 말라는 것입니다. 며칠 QT 못했다고 해서 초등학교 때 일기 몰아서 쓰듯이 한꺼번에 한다든가, 아니면 정반대로 '이렇게 자꾸 빼먹느니 안 하는 게 낫겠다'면서 아예 포기하는 것은 QT의 적(敵)입니다. 완벽주의는 해롭습니다. 굶으면 더 먹어야 하지 않겠습니까? '완벽주의적 교만은 QT의 적이다'라는 사실을 기억하십시오. 그러니까 못하면 못한 대로 놔두고 오늘 것을 해야 합니다. 오늘 지금 내가 들어야 할 하나님 말씀을 들으면 됩니다. QT의 격언 중에 이런 말이 있습니다. "매일 새로 시작하라."

어제 한 QT는 오늘과 아무런 상관이 없습니다. 어제 했고 안 했고는 중요하지 않습니다. 오늘 먹을 양식을 오늘 먹는 게 중요합니다. QT를 자꾸 숙제나 일기처럼 생각해서 스트레스 받지 말고, 매일매일 새롭게 시작해야 합니다.

어제 굶었다고 해서 오늘 한꺼번에 이틀 치를 먹습니까? 혹은 요새 계속 밥을 안 먹었으니까 '이렇게 먹고 사느니 차라리 안 먹고 살겠다'면서 아예 단식해 버립니까? 그런 사람은 없습니다. 똑같은 이치입니다. 며칠 빼먹었더라도 오늘 다시 시작하면 됩니다.

제가 만든 QT 격언이 있습니다. "QT는 어떻게 하든지 하는 것만큼 유익하다." 안 한 것 생각하지 말고, 현금 박치기 신앙으로 밀고 나가십시오. QT는 우리가 하는 것만큼 유익합니다. 먹는 만큼 유익합니다. 이것을 꼭 기억하십시오.

quiet time for beautiful life

# 기록의 유익과 기록 방법

QT할 때 꼭 기록을 해야 하는 것은 아닙니다. 그냥 해도 좋지만 기록을 하면 굉장히 많은 유익이 있습니다.

첫째, 생각이 정리됩니다. 둘째, 말씀 요약한 것이 남아 있어서 나중에 사역할 때 도움이 됩니다. 누구를 교육하거나 할 때 말씀에 대한 통찰이 담긴, 귀한 영적 자료로서의 역할을 해 줍니다. 그래서 QT할 때 가급적 쓰는 게 좋습니다. 적는 것이 안 적는 것보다 낫습니다. 저는 언젠가 대학 시절 훈련받았던 QT 공책을 보았는데 참 감회가 새로웠습니다.

'QT 준비를 위한 4P'라는 것이 있는데 4P란 Prayer(기도), Place(장소), Pen(펜), Paper(종이)를 말합니다. 여기서 Pen과 Paper가 적는 것과 관계된 항목인 것만 보더라도 QT에서 기록이 중요하다는 것을 알 수 있습니다.

# Part 3

우리는 QT할 때마다 하나님께
"내 눈을 열어 주시옵소서. 내게 말씀하옵소서"라고
구해야 합니다. 그것이 QT에 임하는 중요한 자세입니다.

*quiet time for beautiful life*

# 준 비 기 도 와 읽 기

QT의 주도권을 쥐신 하나님 | QT를 시작할 때 가져야 할 네 가지 마음 자세 | 준비기도, 영적 배고픔을 느끼기 위한 펴내기 작업 | 어떻게 읽을 것인가? | 어디를 읽을 것인가? | 자, 읽기 실습을 해볼까요? | 이런 방법으로도 읽어 보십시오

# QT의 주도권을 쥐신 하나님

QT 세미나에 다녀오신 어떤 목사님에게 소감을 물어 보았더니, "좋긴 한데 좀 신비주의적 경향이 있어 보여요"라고 비판하셨습니다. 강사가 "하나님의 음성을 들었다", "하나님이 내게 말씀하셨다"고 하니까, 보수주의 입장의 목사님에게는 신비주의적 경향이 있는 것으로 비춰질 수밖에 없었던 것 같습니다. 사실 QT하는 사람들이 가장 많이 듣는 비판이 바로 이것입니다.

QT가 신비주의적이라는 비판을 받을 수밖에 없는 이유는 한 가지입니다. QT를 성령님께서 주도한다는 것을 강조하기 때문입니다. "하나님이 나한테 말씀하고 싶으신 것만 내가 듣겠다"고 하기 때문입니다. 그러나 자기 자신이 QT를 주도한다고 하면 그런 일은 없습니다. 내가 말씀을 읽어서 내가 깨닫는다고 하면, 세상 없어도 신비주의라는 비판을 들을 일은 없습니다.

하지만 QT가 과연 신비주의일까요? 물론 한편으로는 신비주의라는 비판을 받을 수도 있고 그럴 소지도 있지만, 그럼에도 불구하고 우리가 QT를 포기할 수 없는 것은, QT가 처음부터 끝까지 그 과정에서 하나님의 주도권을 인정하는 일이기 때문입니다. 비판받을 때 받더라도 QT에서 '하나님의 주도권'은 포기할 수 없습니다. 그것을 포기하면 모든 것이 다 끝나기 때문입니다.

QT는 성령님이 우리 마음과 눈을 열어 주셔야 비로소 시작됩니다. 아무리 하나님의 음성을 듣겠다고 난리 쳐도 그분이 안 열어 주시면 들을 수 없습니다. 그런 면에서 우리는 QT할 때마다 하나님께 "내 눈을 열어 주시옵소서. 내게 말씀하옵소서"라고 구해야 합니다. 그것이 QT에 임하는 중요한 자세입니다. QT는 처음부터 마지막까지 '지금 내게 말씀하시는 하나님의 음성'입니다. 저는 QT한 내용을 회중설교에서는 되도록 나누지 않으려고 합니다. 하나님이 지금 나에게 주신 말씀이므로, 혹시 듣기에 따라 시험에 드는 분들이 있을 수 있어서입니다.

QT할 때 하나님이 주시는 말씀을 그 빛나는 존전 앞에서 듣고 있으면, 우리 가운데 있는 모든 잘못된 부분들이 제거되고, 상처가 치유되고, 무기력하던 영이 살아나는 역사가 일어납니다. 이는 지적인 작업이 아니라 전인적인 작업이고 영적인 작업입니다. QT는 그냥 이런 좋은 말씀이 있다고 끝내는 것이 아니라, 받은 말씀이 나를 만져서 치유시키고 변화시키고 새롭게 하여 나를 살리는 사건이 일어나는 현장입니다. QT에서 중요한 단어는 '하나님의 주도권'입니다.

QT할 때마다 우리는 지성소에 들어가서 하나님 앞에 서는 체험을 합니다. QT는 지성소에 들어가서 하나님 앞에 서 있는 체험입니다. 말씀을 받아 눈물을 흘리고 감동받고 변화되는 지성소 사건입니다. 그 능력 앞에 우리는 힘을 얻고 송아지처럼 뛰어다니게 됩니다. 신비주의라는 오해를 살 수 있지만, 그러나 절대로 약화시킬 수 없는 부분입니다.

지성소 체험이 일어나기 위해 QT에서 가장 중요한 것은 준비기도하는 것과 주신 말씀을 편견 없이 읽는 것입니다. 여기서 '편견 없이'라는 말이 중요합니다. 우리는 말씀을 읽을 때 편견을 갖기가 쉽습니다. 그래서 말씀을 제대로 읽지 못합니다.

또한 준비기도란 자기를 번제로 드리는 것과 같은 일입니다. 양을 잡아서 그 머리에 안수하는 것과 같이, 하나님 앞에 자기를 완전히 내놓고 드리는 것입니다.

quiet time for beautiful life

# QT를 시작할 때 가져야 할 네 가지 마음 자세

**첫째, 상한 심령, 통회하는 마음**

"하나님의 구하시는 제사는 상한 심령이라 하나님이여 상하고 통회하는 마음을 주께서 멸시치 아니하시리이다"(시 51:17).

상한 마음이란 속상한 마음이 아니라 갈망하는 마음을 뜻합니다. QT하기 전에 말씀을 사모하는 마음이 있느냐가 중요합니다. 내가 오늘 말씀을 받아 그 말씀으로 살아야겠다는 갈망이 없는 것과 있는 것은 처음부터 천지차이입니다. QT할 때는 "하나님, 말씀하옵소서. 제가 듣길 원하나이다" 하는 마음이 있어야 합니다.

QT도 그렇지만 일상적으로 하는 기도도 어려운 일이 있을 때 더 잘 됩니다. 어려운 상황, 중대한 결정을 앞둔 상황에서는 말씀이 쏙쏙 들어오게 마련입니다. 내가 갈급히 말씀을 찾고 있기 때문입니다.

**둘째, 하나님의 말씀으로 받는 마음**

"이러므로 우리가 하나님께 쉬지 않고 감사함은 너희가 우리에게 들은 바 하나님의 말씀을 받을 때에 사람의 말로 아니하고 하나님의 말씀으로 받음이니 진실로 그러하다 이 말씀이 또한 너희 믿는 자 속에서 역사하느니라"(살전 2:13).

QT할 때는 사람의 말로 받지 않고 하나님의 말씀으로 받아야 합니다. '아, 하나님이 나한테 말씀하시는구나'라는 자세를 갖는 것이 중요합니다. '이거 내 생각을 괜히 하나님 생각이라고 하는 거 아니야' 하는 자세로는 QT하기가 어렵습니다. 처음부터 QT는 '내가 읽는 게 아니라 하나님이 내게 말씀하신다'는 것을 전제로 합니다. 만약 말씀을 자기 생각으로 읽는다고 한다면 하나님이 살아 계신 것을 무시하는 것 아니겠습니까?

**셋째, 정한 마음, 정직한 영**

"하나님이여 내 속에 정한 마음을 창조하시고 내 안에 정직한 영을 새롭게 하소서"(시 51: 10).

이것은 하나님 앞에 자신을 숨기지 않고 깨끗하게 내어놓는 마음입니다. 하나님의 말씀이 오면 그 말씀 앞에 나를 순전하게 열어야 합니다. 자기가 듣고 싶은 소리만 듣고, 불편한 얘기는 못 들은 척해서는 안 됩니다. 혹시 내가 감당하기 힘든 일이라 해도 하나님이 하시는 말씀 앞에서 정직하게 받겠다는 마음이 중요합니다.

**넷째, 순종하는 마음**

"사무엘이 가로되 여호와께서 번제와 다른 제사를 그 목소리 순종하는 것을 좋아하심 같이 좋아하시겠나이까 순종이 제사보다 낫고 듣는 것이 수양의 기름보다 나으니"(삼상 15:22).

주신 말씀에 대해 순종하려는 마음이 없으면 QT도 무용지물이 되어 버립니다. 하나님이 주시는 말씀이 때로 내 눈에는 얼토당토 않고 받아들이기 힘들다 해도 순종하겠다는 마음으로 나가야 그것이 진짜 QT입니다. "용서하라"고 말씀하시면, 내게 자존심 상하고 힘든 일이라 해도 순종해야 역사가 일어납니다.

# 준비기도, 영적 배고픔을 느끼기 위한 퍼내기 작업

QT하기 위한 기본적인 마음인 ① 상한 심령, 통회하는 마음, ② 하나님의 말씀으로 받는 마음, ③ 정한 마음, 정직한 영, ④ 순종하는 마음, 이 네 가지를 한마디로 '하나님께 배고픈 마음, 하나님으로 굶주린 마음'이라고 할 수 있습니다. QT를 시작하기 전에 우리는 하나님으로 굶주려 있어야 합니다. 하나님의 음성을 듣고 싶은 마음이 간절해야 합니다. '내가 이 음성 안 듣고는 죽을 수밖에 없다'는 절실한 마음이 있어야 QT가 살아납니다. 전혀 그런 마음이 없으면 QT를 해도 아무 소용이 없습니다.

그런데 이런 자세를 갖는 것이 내 마음대로는 안 됩니다. 성령께서 내 마음을 만져 주셔야 합니다. 성령님의 도우심을 구하는 것이 바로 준비기도입니다. 하나님으로 굶주린 마음을 가져야 하기 때문에 준비기도가 필요합니다. 세속적이고 육체적인 생각으로 꽉 차 있는 상태에 갑자기 하나님 말씀을 넣을 수는 없지 않겠습니까? 하나님 말씀을 받기 위한 준비 작업이 준비기도입니다. 조용하고 간절하게 기도하는 순간 정말 마음이 열립니다. 영적으로 마음이 열려야 QT를 할 수 있습니다. 그래서 준비기도가 굉장히 중요합니다.

제가 볼 때 QT가 잘 안 되는 이유 가운데 하나가 준비기도를 안 하기 때문입니다. 저도 한동안 아무리 말씀을 봐도 말씀이 겉돌고 QT가 안 된 적이 있었습니다. 나중에 보니 준비기도를 안 한 게 원인이었습니다. QT 방송을 통해 많은 사람들에게 영향을 주다 보니, QT할 때마다 '오늘은 또 어떤 말씀으로 사람들을 감동시킬까'에만 골몰하며 어느새 준비기도를 소홀히 했던 것입니다. 그것을 깨닫고는 회개하며 준비기도를 하고 나서 QT에 들어갔습니다. 그러자 비로소 QT가 제대로 되었습니다. 이처럼 QT도 종종 진단을 받아야 합니다. 한참 하다 보면 자기도 모르게 습관이 되고 매너리즘에 빠질 수 있기 때문입니다. QT는 참 신비롭습니다. 준비기도를 안 하면 금방 표가 나니 말입니다.

제가 아는 분은 매일 아침 QT를 하는데 도무지 은혜를 받지 못했습니다. 규칙적으로 정해진 시간에 꼬박꼬박 하는데도 그랬습니다. 저는 'QT가 잘못되었든지, 저 사람이 잘못되었든지 둘 중 하나일 거다'라고 생각했습니다.

나중에 이유를 알게 되었는데, 이분에게는 삶에 대한 고민이 없었습니다. '내가 왜 이렇게 살아야 하나? 인생이 무엇인가' 하는 진지한 고민이 전혀 없었습니다. 그런데 사실 이것도 병입니다. 그는 아침에 일어나서 습관적으로 QT하고, 나가서 일하고, 저녁에 퇴근하는, 그냥 겉도는 삶을 살았습니다. 또 희한하게, 정말 걱정거리가 별로 없는 평범한 집안의 사람이었습니다. 그래서 QT가 안 되었던 것입니다. '저런 사람은 QT가 불가능한가 보다' 생각했지만, 그렇다고 목사로서 "QT를 잘할 수 있게 저 사람에게 어려운 일 좀 일어나게 해 주세요"라고 기도할 수는 없었습니다.

그런데 하나님이 아주 절묘한 방법으로 그를 이끄셨습니다. 온누리교회 프로그램 가운데 일대일 양육이 있습니다. 그분이 양육을 맡게 되었는데, 그가 맡은 일대일 동반자가 하필 삶의 총체적 문제를 다 가지고 있는 사람이었습니다. 그 사람이 만나기만 하면 자기 사정을 다 얘기하니까, 일대일 양육자로서 동반자를 지도해야 하는 그도 같이 인생의 문제들을 고민하게 되었습니다. 그러다가 마침내 이분의 QT가 살아났습니다. 아침에 QT할 때마다 응답이 왔습니다.

삶의 문제가 없으면 QT가 안 됩니다. 그래서 항상 저는 QT를 잘하려면 자기 삶을 분석해 보아야 한다고 주장합니다. 그냥그냥 살아가는데 무슨 QT가 되겠습니까? 내 삶에 대한 절실한 어떤 생각을 가지고 있어야 QT가 되는 것입니다. 이분이 QT가 안 되었던 근본적인 이유는 바로 하나님에 대해서 전혀 배고프지 않았기 때문입니다. 우리가 아침에 혹은 저녁에 QT할 때 하나님으로 배고파야 합니다. 배가 많이 고픈 날은 은혜를 많이 받는 날이고, 덜 고픈 날, 배부른 날은 은혜를 못 받는 날입니다.

그러면 하나님으로 배고프려면 어떻게 해야 할까요? 일단 QT하기 전에 내 안에 든 것을 퍼내야 합니다. 우리 안에는 쓸데없는 것들이 너무 많이 차 있습니다. 이것을 안 퍼내면 하나님에 대한 배고픔을 못 느낍니다. 사실은 굉장히 배고픈데도 못 느끼는 것입니다. 일상적인 일에 바쁘다 보면 하나님에 대한 배고픔을 못 느낍니다. 그래서 성령 안에서 퍼내는 작업을 해야 합니다. '퍼내는 작업' 그리고 '하나님에 대한 허기를 느끼는 것'이 바로 준비기도입니다. 준비기도를 하면서 세속적인 관심과 육체적 경향을 쫙 비워 내고, 하나님께만 관심을 기울이다 보면 어느 순간 속에서 우리의 영이 떠오릅니다. 그러면서 영적인 허기가 느껴집니다. 말씀을 먹고 싶은 마음이 생깁니다. 이 단계는 굉장히 중요하므로 절대로 생략해서는 안 됩니다.

아주 많이 사용되는 QT 방법 중에 'PRESS'라는 방법이 있습니다. 이것은 이제까지 나온 QT 방법 가운데 가장 기본적이고도 가장 고전적인 방법입니다.

P : Pray for a moment (잠깐 기도하십시오)

R : Read His Word (말씀을 읽으십시오)

E : Examine His Word (말씀을 묵상하십시오)

S : Say back to God (주신 말씀을 가지고 다시 기도하십시오)

S : Share with others what you have found

(받은 은혜를 다른 사람과 나누십시오)

이 PRESS 방법 중 맨 처음에 나온 P가 바로 준비기도에 해당합니다. QT는 기도로 시작해야 한다는 뜻입니다. 두 번째 나온 R은 읽기에 해당합니다. 이 두 가지가 바로 QT에서 하나님의 주도권을 인정하는 중요한 부분입니다. QT의 모든 과정이 그렇지만 이 두 가지야말로 참으로 하나님의 주도권, 성령의 주도권을 인정하는 부분입니다. 다시 한 번 기억하십시오. QT의 주권은 하나님께 있습니다.

준비기도는 하나님의 주권을 위해서, 성령의 임재를 요청하기 위해서, 내 마음이 준비되기 위해서 하는 것이기 때문에 준비기도에는 대체로 다음 세 가지 내용을 포함하는 것이 좋습니다. 첫째, 죄의 고백입니다. 하나님 앞에 깨끗하기 위해서는 자신의 죄를 고백해야 하는데, 반복하다 보면 습관성 고백이 될 수 있습니다. 그 점을 경계하면서 하나님 앞에 죄의 고백을 드리십시오. 둘째, '하나님, 사랑합니다'라는 사랑의 고백이 들어가야 합니다. 셋째, '하나님을 신뢰합니다. 제 삶을 인도하실 것을 믿습니다'라는 신앙고백이 들어가면 됩니다. 물론 이 세 가지가 들어가면 좋겠다는 것이지 안 들어가도 상관은 없습니다.

이래도 어떻게 기도해야 할지 감이 잡히지 않는다면 다음과 같은 패턴으로 해도 좋습니다. 꼭 그대로는 아니더라도 하나의 패턴으로 익혀 둘 필요는 있습니다.

"하나님! 오늘도 말씀으로 먹이고 인도하시니 감사합니다. 어제의 삶은 주님 앞에 내어놓기 부끄러운 모습이었습니다. 그러나 늘 용서하시는 한결같은 사랑에 의지하여 이 시간 주 앞에 앉았습니다. 제 삶이 숨김없이 말씀 앞에 쏟아지게 하시고, 하나님의 조명으로 정결케 되며, 전심으로 순종하게 하옵소서. 주님께서 원하시는 삶을 살 수 있게 하옵소서. 예수님의 이름으로 기도드립니다. 아멘."

"하나님 아버지, 이 시간 주의 말씀을 듣고 주의 은혜를 받기 원합니다. 주님, 우리가 우리 힘으로 살 수 없는 존재인 것을 고백합니다. 자꾸 빗나가기도 하고 자꾸 다른 것에 미혹당하기도 합니다. 주님, 말씀하옵소서. 주의 말씀이 내 안에서 역사하기를 원하오니 주여, 임하여 주옵소서. 예수님의 이름으로 기도합니다. 아멘."

준비기도를 할 때 여건이 된다면 먼저 찬양을 드리는 것이 아주 좋습니다. 마음으로부터 나오는 찬양을 드리는 순간 우리의

영이 움직이며 순수해지기 때문입니다. 먼저 찬양을 드리고 앞의 기도를 드려 보십시오.

언젠가 이런 일이 있었습니다. 밤에 걸려온 국제전화를 받느라 잠을 제대로 못 잔 상태에서 아침에 일어나 QT를 하게 되었습니다. 졸리고 피곤하고 정신이 하나도 없었습니다. 아침에 QT를 잘하고 못하고는 그 전날의 저녁 생활이 결정적인 영향을 미칩니다. 비몽사몽간에 말씀을 펼치고 "하나님, 말씀을 주셔서 감사합니다"라고 잠깐 기도하고 본문을 읽는데 무슨 말씀인지 하나도 들어오지 않았습니다. 그래서 본문을 다시 한 번 또 읽었는데, 여전히 말씀이 겉돌았습니다. 그러고 있는데 전화 요금 청구서가 눈에 들어오는 것이었습니다. '언제까지 내라는 거지?' 하면서 펴 보다가 깜짝 놀랐습니다. '아니, 내가 왜 이걸 보고 있지?' 하면서 말입니다. 아침 내내 QT에 전혀 집중하지 못하고 있었던 것입니다. 그런 저 자신을 발견하면서 QT가 얼마나 치열한 영적 싸움인가를 알게 되었습니다.

그렇게 기도만으로 돌파가 안 될 때 쓰는 방법이 찬양입니다. 찬양하면 훨씬 더 영적으로 강력해집니다. 찬양하고 기도하다 보면 때때로 준비에만 10분 이상이 소요될 수도 있지만, 하나님 앞에 마음이 모아지지 않은 상태에서 QT를 시작해서는 안 됩니다. 마음이 떠다니는 상태로 QT를 하다 보면 QT의 재미를 잃어버리게 됩니다.

QT를 준비하면서 부를 만한 찬양에는 특별한 제한이 없습니다. '이때는 어떤 찬양을 불러야 하나' 하고 고민할 필요 없이 그냥 입에서 나오는 대로 부르면 됩니다. 너무 거창한 곡을 부를 필요도 없습니다. 그런데 제 경험으로 볼 때 "나의 입술의 모든 말과 나의 마음의 묵상이 주께 열납되기를 원하네"라는 찬양이 참 좋았습니다. 이렇게 찬양을 한 후에 기도를 드리면 됩니다.

그런데 준비기도를 할 때 중요한 것은 '과연 내가 정말 하나님께 집중하느냐' 하는 문제입니다. QT를 하다 보면 정말 집중이 안 되는 때도 있기 때문입니다. 그럴 때는 준비하는 시간을 더 가져야 합니다. 내 마음이 준비될 때까지 기다려야 합니다. 마음의 준비가 덜 된 상태로 그냥 QT에 들어가서는 안 됩니다.

찬양하고 준비기도를 했는데도, 여전히 자신의 영이 준비되지 않았다면 찬양을 또 한 곡 불러야 합니다. 어찌하든 간에, 하나님 앞에 자기 영을 준비하는 것을 훈련을 통해서 해내야 합니다. 물론 성령께서 붙잡아 주시지만 마음 문을 열고자 하는 의지를 드리는 것은 결국 내 몫이기 때문에 자꾸 훈련해야 합니다. 이렇게 마음을 드려 준비기도를 할 때 하나님께서는 우리의 생각을 붙잡으십니다.

quiet time for beautiful life

# 어떻게 읽을 것인가?

'읽기'는 QT에서 가장 중요한 부분인데도 가장 무시되기가 쉽습니다. 왜냐하면 성경 읽기를 그저 책 읽는 것으로 생각하기 때문입니다.

읽기는 단순히 책을 읽는 것이 아니라, 성령님의 도우심 가운데 하나님의 음성을 듣는 것입니다. 하나님께서 내게 말씀하시는 것을 듣는 것입니다. 이런 발상의 전환이 있어야 합니다. 다시 한 번 강조합니다. '읽기는 책을 읽는 것이 아니고, 하나님의 음성을 듣는 것이다.'

QT를 만나 먹는 것에 비유한다면, 준비기도는 일종의 식욕을 돋우는 작업이라고 할 수 있겠고, 읽기는 만나를 입에 넣는 것에 해당합니다. 아무리 안에서 소화를 왕성하게 잘 시키고 싶어도 일단 만나가 입에 들어가지 않으면 무슨 소용이 있겠습니까? 입에 넣지도 않았는데 소화부터 시키려고 해서는 안 됩니다. 일단 입에 넣는 게 중요합니다.

먼저 눈으로 한 번 읽고, 그 다음에는 천천히 소리 내어 읽어 보십시오. 눈으로 한 번 읽어 보았을 때 뭔가 잡히는 것이 있습니까? 아마 별로 없을 것입니다. 눈으로 대충 한 번 보면 이처럼 머릿속에 거의 들어가는 것이 없습니다. 눈으로 한 번 읽고 마는 것이 얼마나 대충 읽는 것인지 알 수 있습니다.

이번에는 설명하는 식으로 소리 내서 천천히 읽어 보십시오. 그러면 눈으로 읽을 때보다 훨씬 많은 것을 건질 수 있습니다. 우리의 생각과 마음은 책에서 전달하려는 바를 그렇게 빨리 잡아 내지 못합니다. 느낌이 오려면 시간이 걸립니다. 하지만 소리를 내서 읽으면 내가 그 소리에 귀 기울이게 되니까 이해가 훨씬 잘 됩니다. 어쨌든 읽기를 쉽게 대충해서는 안 됩니다.

하워드 헨드릭스 교수가 『삶을 변화시키는 성경연구』란 책에서 읽기에 관한 여러 가지 조언을 했는데, 그 가운데서 다음 여덟 가지를 뽑아 보았습니다. 성경을 읽을 때 큰 도움이 되어 소개합니다.

**첫째, 처음 읽는 것처럼 읽으라.**

친숙은 경멸을 불러일으킵니다. 너무 익숙한 본문이라고 해서 대충 빨리 넘어가 버리면 그것은 그 말씀을 경멸하는 것과 같습니다. 말씀을 읽을 때는 언제든 처음 읽는 것처럼 읽어야 합니다.

사실 QT가 제일 안 되는 본문은 우리에게 너무나 익숙한 본

문입니다. 다윗과 골리앗 이야기, 척 보면 무슨 얘기가 전개될지 안 읽어도 안다고 생각하지 않습니까? 하지만 사실 우리가 말씀을 잘 안다고 한들 얼마나 잘 알겠습니까? 말씀을 읽다 보면, 그동안 숱하게 대했던 본문인데도 새삼스럽게 깨닫게 되는 경우가 있습니다. 평소에 별 생각 없이 넘어가던 본문에서 하나님이 뜻밖의 말씀을 하실 때가 너무나 많습니다. 그러니 말씀을 잘 안다고 하는 것이 얼마나 큰 교만인지 모릅니다.

그래서 저는 QT할 때 우리말로 한 번 읽고, 영어로 또 한 번 읽습니다. 영어로 읽다 보면 익숙한 본문이라 할지라도, 아무래도 난관을 헤치며(?) 꼼꼼히 읽어야 하니까 처음 읽는 것처럼 신선하게 읽을 수 있습니다. 접속사 같은 것도 다 눈여겨보게 되고 말입니다.

우리말로만 읽으면 벌써 마음이 해이해져서 건성으로 읽기가 쉽고, 그러다 보면 놓치고 지나가는 게 얼마나 많은지 모릅니다. 그래서 '처음 읽는 것처럼 읽으라'고 강조하는 것입니다.

**둘째, 연애편지 읽듯이 읽으라.**

편지를 보내신 하나님을 향한 그리움과 사랑을 가지고 편지 속으로 빨려 들어가듯이 읽으십시오. 이는 '언약적 읽기'라고도 할 수 있습니다.

제가 입대하여 훈련소에서 지금의 아내에게 처음으로 편지를 받았을 때의 일입니다. 군에 입대한 초기에는 몸과 마음이 얼마나 힘들었는지 모릅니다. 밤송이처럼 빡빡 깎은 머리에, 찬 바람과 햇살로 까맣게 탄 피부, 터진 입술…, 제가 봐도 깜짝 놀랄 만큼 몰골이 흉악해져 있었습니다. 게다가 훈련소에 있을 때 얼마나 기합을 많이 받습니까? 조금만 정신을 놓고 있어도 당장 야단이 나기 때문에 신경이 예민해져서, 항상 핏발이 선 채로 있다 보니 사람이 이상하게 변하는 것 같았습니다.

그렇게 지쳐 있는데 두세 주쯤이 지난 어느 날 여자 친구에게서 편지가 온 것입니다. 편지를 펼치는 순간 거기에는 또 다른 창이 열리고 있었습니다. 그 창을 통해 저는 훈련소를 떠나 다른 세계로 들어갈 수 있었습니다. 몸은 훈련소에 있었지만 편지를 통해 데이트할 때의 세계로 돌아가 정신없이 편지를 읽고 있었습니다.

그때 옆에서 누가 저를 탁 치는 바람에 정신이 돌아왔습니다. 편지를 읽는 제 표정이 가관이었다고 합니다. 저는 그때 완전히 다른 세계에 잠시 있다가 다시 현실로 돌아온 것입니다.

우리는 상업적인 편지가 아닌 이상 누군가로부터 온 편지를 읽을 때 그 속으로 빠져들기 마련입니다. 연애편지를 읽는 동안에는 그 편지 속으로 빨려 들어가 다른 세계에 가 있게 됩니다. 그럴 때는 편지만 읽는 게 아니라 편지를 보낸 사람이 바로 옆에 와서 속삭이는 것 같습니다. 그 음성이 들리는 듯합니다. 하나님 말씀을 읽을 때도 그런 경험을 할 수 있어야 합니다. 말씀을 펴는 순간 현실이 사라지고, 하늘과 내가 연결되고, 하나님이 옆에서 말씀하시는 듯해야 합니다.

말씀은 우리에게 또 다른 세계를 향한 창구입니다. 말씀을 읽을 때 천국으로 향하는 창이 열려 우리가 천국을 읽게 됩니다. 그런 느낌으로 읽어야 성경을 진짜 읽는다고 할 수 있습니다. 그동안 우리는 성경을 얼마나 엉터리같이 읽었는지 모릅니다. 사랑을 가지고 애정을 가지고 말씀을 읽어야 합니다.

**셋째, 탐구하는 자세로 읽으라.**

생각하며 읽으십시오. 성경을 읽을 때마다 '생각'이라는 모자를 써야 합니다. 읽기는 읽는데 그냥 멍하니 읽지 말고, 하나님이 주신 사고(思考)를 활용하라는 말입니다. '이게 어떻게 된 내용인가?', '하나님이 왜 그러셨을까?', '아, 이렇구나!' 하고 적극적으로 생각하며 읽으라는 것입니다.

**넷째, 반복해서 읽으라.**

세상에 성경을 한 번 읽고 다 아는 사람은 없습니다. 가능하다면 다른 방법, 다른 역본을 통해 여러 번 읽으십시오. 새롭게 와 닿을 것입니다.

한 번 읽는 것보다 두 번 읽는 것이 더 이해가 빠르며, 다른 번역본으로 읽는 것이 더 이해가 잘 됩니다. 영어로 읽으면 좀 더 세밀하게 신경 써서 읽게 되어 집중이 잘 됩니다. 또 우리말 성경이라 해도 〈새번역〉, 〈현대인의 성경〉, 〈우리말성경〉 등등 여러 역본들이 있으니 한두 가지 구비하여 반복해서 읽는 것이 좋습니다.

그리고 주석을 보는 것도 괜찮지만, 자칫 내게 주신 음성을 듣는 데 오히려 방해가 될 수도 있으므로 본문 자체를 여러 각도로 해석해 놓은 신앙 서적들을 보는 편이 더 낫습니다. 하지만 주석성경이나 스터디 바이블 정도는 참고용으로 괜찮습니다.

**다섯째, 분석적으로 읽으라.**

누가, 왜, 무엇을 등의 질문을 던져 가며 읽으십시오. "그는 실로 우리의 질고를 지고"라는 말씀이 있다면, '그가 누굴까?', '우리는 누굴까?', '왜 실로라는 말을 썼을까?' 하는 식으로 육하원칙 의문사를 계속 던져 가며 분석하면서 읽으라는 것입니다. 그러면 훨씬 적극적으로 읽게 되어 이해도 빨라집니다.

**여섯째, 기도하는 자세로 읽으라.**

기도하는 자세로 읽는다는 것은 성경 내용에 몰입되어서 읽는 것입니다. 성경의 인물이 하나님께 기도하면 그 기도를 자기가 하는 것처럼 읽고, 하나님의 음성을 그가 들으면 나도 그 음성을 지금 듣는 것처럼 말씀을 받는 것입니다. 그의 고백이 아니라 나의 고백으로 읽으라는 것입니다.

언젠가 이사야서 5장을 QT했던 적이 있습니다. 이것은 '포도원의 노래'라고 하는 유명한 본문입니다.

"내가 나의 사랑하는 자를 위하여 노래하되 나의 사랑하는 자의 포도원을 노래하리라 나의 사랑하는 자에게 포도원이 있음이여 심히 기름진 산에로다 땅을 파서 돌을 제하고 극상품 포도나무를 심었었도다 그중에 망대를 세웠고 그 안에 술틀을 팠었도다 좋은 포도 맺기를 바랐더니 들 포도를 맺혔도다"(사 5:1-2).

이 말씀을 기도하는 자세로 이사야의 입장에서 읽기로 했습니다. 그러자 여기서 '나'는 누구일까가 궁금했습니다. 그것은 이사야였습니다. 또 "나의 사랑하는 자에게 포도원이 있음이여"에서 '나의 사랑하는 자'는 하나님을 가리키고 있었습니다. 그렇게 생각하며 읽으면서 그 상황으로 들어가다 보니, 갑자기 마음에 와닿는 게 있었습니다. '이사야는 하나님을 나의 사랑하는 분이라고 부르고 있구나. 그런데 그분은 자신이 그렇게 정성을 다해 심은 포도나무에서 좋은 포도가 나오지 않고 들 포도가 맺혔을 때 얼마나 좌절감을 느끼셨을까?' 저도 말씀을 읽는 가운데 그 실망감과 분노를 같이 느꼈습니다.

그날 QT를 하면서 저는 "나를 사랑하시는 하나님, 나도 주님을 사랑합니다. 주님께서 나를 향해서 이렇게 좋은 포도나무를 심었는데 들 포도를 맺지 않도록 하겠습니다" 하는 기도를 드리며 은혜를 받았습니다.

또 출애굽기 2장을 QT하면서 기도하는 자세로 본문을 읽었던 경험을 나누자면 이렇습니다. 모세의 어머니인 레위 여자가 아기를 낳고 보니 그 아이가 "준수해서 석 달을 숨겼다"는 말씀이 나왔는데, 도대체 별로 와 닿는 게 없었습니다. 그런데 갑자기 '준수하다'는 말에서 의문이 생겼습니다. 예전에는 그저 '모세가 잘생기기는 했나 보다'라고 생각했는데 이번에는 그렇게 생각되지 않았습니다.

사실 갓 태어난 아기 가운데 잘생긴 아이가 있습니까? 빨갛고 고구마 쪄 놓은 것처럼이 생기지 않았습니까? 저는 갓 태어난 아기가 잘생겼다고 말하는 것은 다 인사치레라고 생각합니다. 적어도 백일은 지나야 인물이 나오지, 그 전에는 다 비슷비슷합니다.

그런데 세상에 아기를 낳고 "우리 애가 못생겼다"고 할 엄마가 또 어디 있습니까? 자기 자녀는 모두 예뻐 보이지 않겠습니까? 부모 입장에서는 객관적으로 잘생기고 못생기고를 떠나서 자기 아이가 다 예뻐 보일 것입니다. 그러니까 여기서도 모세가 준수하다고 한 것은 정말 아이의 인물이 그렇다는 것이 아니라, 어머니의 마음으로 볼 때 그 아이가 준수했다는 것입니다.

그런데 바로 이 말씀에서 갑자기 성령님이 제 마음을 붙잡으시면서 "너도 그렇다"고 하시는 것이었습니다. "네 인물은 별수 없지만 너를 지은 내 입장에서 볼 때는 너는 참 잘생겼다"고 말씀하셨습니다. 그때 저는 말할 수 없는 위로와 격려를 받았습니다. 모세 어머니가 모세더러 준수하다고 한 말씀을 가지고 이렇게 나를 향한 하나님의 음성을 듣는 데까지 간 것입니다. 이것이 다 기도하는 자세로 읽으면서 성령님의 임재와 역사를 요청할 때 일어날 수 있는 일입니다.

**일곱째, 묵상하며 읽으라.**

말씀이 머리에서 가슴까지 내려오도록 기다리며, 느끼며 읽어 보십시오. 말씀이 머리에서 가슴까지 내려온다는 것은 말씀을 느낀다는 것입니다. 묵상한다는 것은 사랑한다는 것이고, 사랑하면 느낌이 옵니다.

"여호와는 나의 목자시니 내가 부족함이 없으리로다"(시 23:1)를 그냥 한 번 읽어서는 말씀이 가슴까지 안 내려옵니다. 다시 한 번 읽으면서 가슴까지 내려올 때까지 기다려 보십시오. 읽을 때 머리에서 가슴까지 말씀이 내려오는 것이 훈련이 되어야 합니다. 느낌이 와야 합니다. 저는 이 시편 말씀을 읽을 때 '나의'라는 단어가 가슴까지 내려옵니다. 이렇게 가슴에 와서 맺히는 말들이 있어야 QT가 되는 것입니다. QT의 성공 여부는 바로 여기에 달려 있습니다.

**여덟째, 망원경 시각을 가지고 읽으라.**

이것은 부분을 전체의 시각과 흐름 속에서 읽으라는 것입니다. 그러기 위해서는 앞뒤 문장을 읽고 접속사나 문맥 등에 주의를 기울여야 합니다. 대개 QT 본문은 매일 단락단락 나누어 조금씩 읽게 되기 때문에, 간혹 본문 자체를 오해할 수도 있고 정말 중요한 것을 놓치게 되는 경우가 있습니다. 그러므로 항상 말씀을 대할 때는 그 말씀이 전체 가운데 어디에 해당하는가를 보고 문맥의 흐름을 잘 파악하며 읽어야 합니다. 이렇게 전체적 시각 가운데 전후 문맥을 보면 본문 속에 훨씬 많은 비밀들이 숨겨져 있음을 알 수 있습니다.

"그러므로 무엇이든지 남에게 대접을 받고자 하는 대로 너희도 남을 대접하라"(마 7:12)는 말씀이 있습니다. 처음 이 말씀을 읽을 때는 이것이 '대접받고 싶으면 남을 대접해야 한다'는 황금률인 줄 알았습니다. 그런데 QT하면서 다시 보니 맨 앞에 '그러므로'가 있는 것을 보았습니다. 이 말씀을 여러 번 보았지만 지나쳤던 부분이었습니다.

'그러므로'라는 말은 그 말씀 앞에 어떤 전제되는 내용이 나온다는 뜻입니다. 저는 그 앞에 뭐가 있는지 마태복음 7장 7-11절까지 거슬러 올라가 찾아보았습니다. 그랬더니 거기에는 일명

'기도의 권리장전'이라 할 만한 다음과 같은 말씀이 있었습니다.

"구하라 그러면 너희에게 주실 것이요 찾으라 그러면 찾을 것이요 문을 두드리라 그러면 너희에게 열릴 것이니 구하는 이마다 얻을 것이요 찾는 이가 찾을 것이요 두드리는 이에게 열릴 것이니라 너희 중에 누가 아들이 떡을 달라 하면 돌을 주며 생선을 달라 하면 뱀을 줄 사람이 있겠느냐 너희가 악한 자라도 좋은 것으로 자식에게 줄줄 알거든 하물며 하늘에 계신 너희 아버지께서 구하는 자에게 좋은 것으로 주시지 않겠느냐."

바로 이 말씀이 끝나고 나서 '그러므로'가 나온 것입니다. 여기에 비추어서 다시 12절을 보면, 앞에 나오는 '남'은 '하나님'을 가리키고, 뒤에 나오는 '남'은 사랑이 필요한 또 다른 사람을 가리킵니다. 그러니까 이 말씀은, 하나님에게 대접받고 싶은 만큼 그런 사랑이 필요한 또 다른 사람한테 자신을 비워 주라는 말씀입니다. 비워야 채워 주시기 때문입니다.

'그러므로 네가 이런 은혜를 받고 싶으면 너도 그렇게 구하는 자들과 원하는 자들을 위해서 베풀라'는 것입니다. 우리가 베풀면 그 빈자리에 더 놀라운 하나님의 은혜가 자꾸 채워진다는 얘기입니다. 그리고 이것이 바로 황금률입니다. '그러므로'를 알고 모르고에 따라서 완전히 다른 이야기가 됩니다.

그것을 깨닫고 저는 이런 결론을 내렸습니다. "그러므로가 빠진 황금률은 색깔은 비슷한데 냄새 나는 그거다." 황금하고 색

깔은 비슷한데 냄새나는 것 있지요? '그러므로'가 들어가야 진짜 황금률입니다. 이처럼 앞뒤 문맥을 살피면서 읽는 것은 너무도 중요합니다.

q u i e t  t i m e  f o r  b e a u t i f u l  l i f e

# 어디를 읽을 것인가?

성경의 어디를 읽을지가 또 하나의 중요한 질문입니다.

**첫째, 아무 데나 닥치는 대로 읽어서는 안 됩니다.**

아무 데나 닥치는 대로 읽는다는 것은 아침마다 하나님과 게임하는 것이나 마찬가지입니다. 오늘은 또 어떤 말씀을 주시려나 하고 말입니다. 정말 그런 사람을 보았는데, "또 가로되 내 주는 어찌하여 주의 종을 쫓으시나이까"라는 말씀을 만나면 '아, 내가 쫓겨날 모양이구나' 하는 식이었습니다. 그렇게 QT하는 분은 빨리 회개해야 합니다. 점치듯이, 찍기 식으로 성경을 읽는 폐단은 생각보다 심각합니다.

QT를 하다 보면 자칫 양극단에 빠질 위험이 있습니다. 일부는 지극히 인본주의적으로 흘러 자기 눈에 좋은 말씀만 취하고 말 수가 있습니다. 반대로 꼭 점치듯이 오늘 나한테 주신 말씀을 찾는 데만 급급한 경우가 있습니다. QT하면서 "오늘 QT는 뭘 받았어요?"라고 물어 보는 분들이 여기에 해당합니다. "받기는 뭘 받아? 동(東)으로 가면 귀인을 만난다고 그러지"라고 해야 할 판입니다. 점치듯이 말씀을 본다면 그것이 샤머니즘과 무엇이 다르겠습니까?

그런데 주로 남자 분들은 '오늘 좋은 말씀 읽었다'는 정도에 머물기가 쉽고, 여자 분들은 '오늘 말씀에서 드디어 뭔가를 찾았다'는 식이 될 때가 많습니다. 여자들은 매사에 종교심이 많기 때문인데, 그런 성향이 있는 데다 닥치는 대로 읽기까지 하면 그때는 QT가 점치는 데로 가는 것입니다.

그러나 QT와 점은 정말 다릅니다. 물론 QT에 점치는 것과 비슷한 요소가 있다는 것은 인정합니다. QT의 유익 세 가지 가운데 '인도를 받는다'는 것이 그렇습니다. 하지만 인도를 받으려면 교제와 공급의 측면도 포함되어야만 한다는 것을 잊어서는 안 됩니다.

물론 하나님께서는 급할 때 특별한 방법을 동원하시기도 합니다. 어느 회사의 사장 아들이 예수를 믿었습니다. 그런데 회사 일로 고사(告祀)를 지내야 하는 상황이 되자 큰 고민에 빠졌습니다. 비록 아직 믿음은 연약했으나 자기는 고사를 지낼 수 없다고 생각했고, 그러려면 아버지 뜻을 어겨야만 했습니다. 그래서 고사하러 가기 5분 전에 자기 방에 앉아서 이렇게 기도했다고 합니다. "하나님, 제발 도와주세요. 저는 아버지를 거역할 힘이 없습니다. 그렇다고 고사 지내며 절하는 건 못하겠습니다." 그러고 나서 성경책을 폈는데 "우상 앞에 절하지 말며"라는 말씀이 나왔고, 그 길로 "아멘" 하고는 가서 절을 하지 않았다고 합니다. 또 아버지의 후환이 두려워서 기도하다가 성경을 폈더니 "내가 너희 제사를 이미 받았다"는 에스겔서 말씀이 나왔습니다. 그래서 "아멘" 하고 갔더니 아버지가 아무 일도 없던 것처럼 대하며 손자 용돈까지 주더랍니다.

하지만 이런 일도 한 번이지, 매번 그런 역사만 바라면 하나님은 아무것도 안 주실 것입니다. 하도 다급한 상황이고, 하도 성경을 안 읽으니까 그런 특별한 경우를 허락하신 것이지 늘 그러신다고 생각하면 곤란합니다.

이렇게 아무데나 닥치는 대로 읽게 되면 문맥을 모르고 읽기 때문에 말씀이 연결이 안 됩니다. 성경을 딱 폈더니 "네 시작은 미약하나 네 나중은 심히 창대하리라"(욥 8:7)는 말씀이 나와서 '그래, 이거다!' 하고 얼른 받았다고 합시다. 하지만 이 말씀은 그런 축복의 말씀이 아닙니다. 이것은 욥의 말도 아니고 하나님 말씀도 아니고, 욥의 친구가 한 얘기인데 그나마 그것도 잘못 말했다고 책망 받은 친구의 말입니다. 이처럼 성경 말씀 가운데는 우리가 오해하는 구절들이 무척 많습니다.

**둘째, 내가 좋아하는 곳을 골라 읽어서도 안 됩니다.**

'오늘은 마음이 좀 우울하니까 밝은 시편 없을까?' 하면서 자기가 좋아하는 데만 골라 읽어서는 안 된다는 것입니다. 대부분의 사람들에게 가장 익숙한 말씀이 어디인 줄 아십니까? 창세기와 마태복음입니다. 그 이유는 설명하지 않아도 다 알것입니다. 성경책을 보면 창세기와 마태복음 부분만 새까만 분이 있습니다. 대개 결심하고 성경을 읽는다고 하면 창세기부터 읽고, 그러다 몇 번 실패하면 이번에는 신약으로 넘어가서 마태복음부터 읽기 때문입니다. 그러나 익숙한 데만 찾아 읽으면 편식에 빠지게 됩니다.

'좋아하는 것을 읽는다'는 것의 문제점은 말씀에 대해 편식하고 하나님을 제한한다는 것입니다. 이것은 주도권 문제입니다. 하나님의 주도권을 인정하지 않고 내가 그냥 택하는 것이다 보니, 어떤 날에는 자기가 택한 말씀을 하나님의 음성으로 인정하지 못하는 수가 있습니다. 이 말씀은 하나님으로부터 왔다는 확신이 드는 날도 있지만, 내가 봐도 아닌 것처럼 생각되어 다른 말씀을 또 찾는 날도 있습니다. '오늘은 왜 안 맞는 게 나오지? 뭐가 잘못됐나 보다' 하면서 다른 데를 또 찾는 것입니다. 하지만 QT는 하나님의 주도권을 인정하는 것입니다. 하나님이 나에게 주신 말씀을 읽는 것이지 내가 하나님의 말씀을 골라 먹는 것이 아닙니다.

그렇다면 어떻게 하는 것이 좋겠습니까? 제일 좋은 방법 중 하나는, 물론 이것이 유일한 방법이라고 말씀드리지는 않겠습니다만, 〈생명의 삶〉이나 〈말씀묵상〉, 〈매일성경〉 등 QT를 위해 만들어진 교재를 사용하는 것입니다. 〈생명의 삶〉은 성경 전체를 다루기 때문에 때로는 너무나 어려운 본문을 만나기도 합니다. 하지만 하나님이 주신 말씀으로 알고 읽다 보면 거기서 새롭게 부어 주시는 은혜를 발견하기도 합니다. 저의 경우, 마태복음 1장의 '낳고 낳고' 부분에서조차 제 아들을 향한 기도를 발견하는 은혜를 누린 적이 있습니다.

QT를 위해 만들어진 교재를 사용하는 것이 좋은 이유는 다음과 같이 정리해 볼 수 있습니다.

① 본문을 정해 주고 3-4년에 성경 전체를 한 번 통독하고 QT할 수 있도록 도와줍니다.

② 본문에 대한 해석과 묵상에 대한 조언 등으로 QT를 잘할 수 있도록 도와줍니다.

③ 교재가 있고, 또 그것을 돈 주고 사야 하니까 매일 QT해야 한다는 자극과 격려를 받습니다.

저는 교재를 가지고 QT하는데, 혹시 교재를 못 사게 되면 QT를 놓치기도 했습니다. 그냥 성경 본문을 가지고 하면 되는데 뜻대로 잘 안 되었습니다. 돈 주고 QT 교재를 사면 아까워서라도 하지 않습니까? 물론 그런 마음으로만 하면 안 되겠지만 하여간 도전은 됩니다.

'죽어도 QT 교재는 못 사겠다'는 분들은 기도하는 가운데 책을 정해서 할 수도 있습니다. 예를 들어 이사야서를 하게 되었다면 1장부터 단락을 끊어 가며 계속 읽어 나가는 것입니다. 그러다가 이사야서가 끝날 때쯤 되면 또 기도합니다. 요한계시록을 주신다는 응답을 받으면 이번에는 요한계시록을 하는 것입니다. 실제로 QT 교재도 그렇게 만듭니다. 책 하나가 끝날 때쯤 다음에 어느 책으로 갈 것인가를 놓고 기도하며 만듭니다. 그렇게 본다면, 교재를 사용하든 내가 직접 하든 그것은 별 차이가 없습니다. 중요한 것은 책 하나를 가지고 QT해 나가는 가운데 듣는 하나님의 음성을 인정하는 자세입니다.

그런데 신기하게도 제가 QT 방송을 할 때 방송 일정상 일주일 분량을 녹화해야 하기 때문에 한주일 먼저 QT를 한 적이 있습니다. 제가 QT를 한 주치 앞당겨서 해도 그날의 말씀을 주십니다. 앞으로 일주일 뒤의 것을 주시는 것이 아니라 그날 것으로 주십니다. 이것은 하나님의 능력입니다. 그러므로 어느 본문을 하는가에 너무 집착할 필요가 없습니다. 내가 임의로 선택하지

만 않으면 됩니다. 하나님이 말씀을 주신다는 믿음을 가져야 합니다. 하나님이 살아계시고 친히 말씀을 주시니 그 하나님의 주권을 인정하는 것이 필요합니다.

quiet time for beautiful life

# 자, 읽기 실습을 해볼까요?

사실 QT는 '읽는 게 전부'라고 해도 과언이 아닙니다. 왜냐하면 캠브리지 대학에서 QT를 시작한 사람들이 모토로 내세운 것이 다름 아닌 '정기적으로 하나님의 말씀을 읽고 기도하는 시간을 갖겠다'는 것이었기 때문입니다. '하나님의 말씀을 읽고 기도하는 시간을 갖겠다', 이것이 QT의 전부였습니다.

이제 앞의 8가지 지침을 염두에 둔 채 말씀 읽기를 실습해 봅시다. 빌립보서 4장 4-9절을 펴 보십시오.

**첫째, 먼저 눈으로 쭉 읽으면서 전체의 흐름을 잡습니다.**

**둘째, 쭉 읽는 것 가지고는 부족합니다. 이제 천천히 소리 내어 음성을 듣듯이 성경을 읽습니다.**

**셋째, 단어 하나하나에 주위를 기울이며 읽되, 한 문장을 읽은 후 잠시**

**쉬었다가 읽어 보십시오.**

히브리 사람들이 쓰는 시편 봉독 방법 중에서 한 문장을 읽고 포즈(Pause)를 두는 것이 있습니다. '히브리적 시편 읽기'라는 것인데 한 문장 읽고 쉬는 것을 말합니다. 그냥 읽는 것과 많이 다릅니다. 쉼 사이에 어마어마한 은혜가 있기 때문입니다. 그렇게 한 번 읽어 보십시오. 하나님께서 그 기다리는 순간에 어떤 느낌과 마음을 주십니다.

"주 안에서 항상 기뻐하라" … "내가 다시 말하노니 기뻐하라" … 이런 식으로 읽으며 사이사이에 쉼을 가질 때, 앞에 읽었던 문장의 잔영이 남습니다. 그것에 주의를 기울여 가면서 읽어 보십시오. 단어 하나하나를 느끼면서 말입니다. 이런 것을 가리켜 '오감(五感)으로 읽는다'고 합니다. 성경은 눈으로만 읽는 것이 아니라 온몸으로 읽는 것입니다. 읽기 과정에서 이것은 매우 중요합니다. 빌립보서 4장 4-9절을 이 방법으로 읽어 봅니다.

"주 안에서 항상 기뻐하라 내가 다시 말하노니 기뻐하라 너희 관용을 모든 사람에게 알게 하라 주께서 가까우시니라 아무것도 염려하지 말고 오직 모든 일에 기도와 간구로, 너희 구할 것을 감사함으로 하나님께 아뢰라 그리하면 모든 지각에 뛰어난 하나님의 평강이 그리스도 예수 안에서 너희 마음과 생각을 지키시리라 종말로 형제들아 무엇에든지 참되며 무엇에든지 경건하며 무엇에든지 옳으며 무엇에든지 정결하며 무엇에든지 사랑할 만하며 무엇에든지 칭찬할 만하며 무슨 덕이 있든지 무슨 기림이 있든지 이것들을 생각하라 너희는 내게 배우고 받고 듣고 본 바를 행하라 그리하면 평강의 하나님이 너희와 함께 계시리라."

이 외에 다른 역본으로 읽는 것도 매우 도움이 됩니다. 〈현대인의 성경〉에는 이 본문이 어떻게 되어 있는지 천천히 읽어 보겠습니다.

"여러분은 주님 안에서 항상 기뻐하십시오. 내가 다시 말합니다. 기뻐하십시오. 모든 사람을 너그럽게 대하십시오. 주님께서 오실 날이 가까웠습니다. 아무것도 염려하지 말고 모든 일에 기도와 간구로 여러분이 필요로 하는 것을 감사하는 마음으로 하나님께 말씀드리십시오. 그러면 도저히 상상도 할 수 없는 하나님의 놀라운 평안이 그리스도 예수님 안에서 여러분의 마음과 생각을 지켜 줄 것입니다. 형제 여러분, 끝으로 말합니다. 여러분은 참되고 고상하고 옳고 순결하고 사랑스럽고 칭찬할 만한 것이 무엇이든 거기에 미덕이 있고 찬사를 보낼 만한 것이 있다면 그것들을 생각하십시오. 또 여러분이 내게서 배우고 받고 듣고 본 것을 실천하십시오. 그러면 평화의 하나님이 여러분과 함께

하실 것입니다."

앞에서 읽은 개역한글본과는 차이가 있습니다. 영어나 다른 언어로 읽을 수 있다면 그것도 역시 좋은 기회가 될 것입니다.

quiet time for beautiful life

# 이런 방법으로도 읽어 보십시오

앞에서 제시한 방법대로 말씀을 여러 번 읽어서 내용이 잘 잡히면 괜찮지만, 아무리 읽어도 내용이 겉돌고 내용 파악에 자신이 없는 경우도 있습니다. 그런 사람은 다음 두 가지 특별한 방법 가운데 하나를 사용하면 도움을 받을 수 있습니다.

**첫째, 전체 내용을 남한테 이야기하듯이 재구성하는 것입니다.**

성경을 보면서 누군가에게 이야기하듯이 말하면 됩니다. 내가 읽은 말씀을 성경책 없는 사람에게 얘기해 준다는 마음으로, 자기 나름대로 이해한 내용을 내 자신의 말로 전달하는 것입니다. "바울이 기뻐하라고 굉장히 강조하고 있는데, 좀 어려움이 있어도 사람들을 여유 있게 대하라고 합니다. 왜냐하면 주님이 곧 오실 거니까" 하는 식으로 말입니다.

자기 말로 재구성하는 것이 사실 쉬운 일은 아니므로 이것을 자꾸 연습해 보아야 합니다. 영화를 보고 나서 아직 안 본 사람

들에게 스토리를 재구성해서 들려줄 때가 있는데, 그런 식으로 적용하면 됩니다. 이렇게 하다 보면 나름대로 내용이 잡힙니다. 내 입으로 직접 말하다 보면 쉽게 내용이 파악됩니다.

**둘째, 한 절 한 절 보면서 관찰한 것을 노트에 적는 것입니다.**

어떻게 해도 말씀이 도저히 이해가 안 될 때 사용하면 좋은 방법입니다. 몇 개가 되든 개수는 상관없습니다. 그렇다고 해서 매번 QT할 때마다 기도문도 쓰고 관찰 내용도 쓸 필요는 없습니다. 훈련 과정에서 해보는 것이고, QT가 익숙해지면 나중에는 안 해도 됩니다. 훈련으로 기본기가 잘 되어 있어야 나중에 장타를 칠 수 있기 때문입니다. 관찰한 것을 쓰는 것은 '귀납적 성경연구 방법'의 한 단계입니다. 원래 QT는 귀납적 성경연구 방법에 근거하고 있습니다. 이미 내려진 결론을 가지고 적용하는 연역적 방법과는 달리 귀납적 방법은 관찰, 해석, 적용의 순서로 나가는데, QT를 할 때 관찰, 해석, 적용의 방법을 쓰는 것입니다.

본문 4-9절까지를 보면서 관찰 문장을 열 개만 찾아 써 보십시오. 관찰하되 영양가 있는 것으로 관찰하십시오. 다시 한 번 강조하지만 관찰 문장입니다. 자기 해석이나 견해가 들어가는 해석 문장이 아니라 그냥 보이는 것만 그대로 쓰는 것입니다. '바울은 아마 고통 가운데 기쁨을 말하고 있는 것 같다', 이런 식으로 쓰는 것은 해석입니다. 그냥 보면서 눈에 들어오는 것을 쓰면 됩니다. 너무 오래 생각하고 쓰면 오히려 관찰이 어렵습니다. 그러다 보면 관찰이 아니라 해석을 하게 되니, 그저 보이는 대로 쓰십시오. 관찰과 해석의 차이를 혼동하고 어려워하는 경우가 종종 있습니다.

어떤 것을 관찰하면 좋은지 본문에서 몇 가지 예를 들어 보겠습니다.

– 주 안에서 기뻐하라고 했다. '주 밖'이 아니라 '주 안'이라고 했다.
– 기뻐하라는 명령에 '항상'이란 말이 들어갔다. 한 번으로 이야기를 끝내지 않고 다시 말하며 반복하고 있다.
– '관용'이라는 말을 쓸 때 '너희 관용'이라는 말을 쓰고 있다.
– '모든 사람에게 알게 하라'고 했다.
– 염려와 감사가 서로 대비되어 사용되고 있다.
– '모든 지각에 뛰어난 하나님의 평강'이라는 표현을 쓰고 있다. 평강 앞에 그런 수식어를 붙이고 있다.
– 먼저 명령문으로 하고 그 뒤에 그렇게 명령한 이유를 설명하고 있다.
– '종말로'라는 말을 쓰고 있다.

이 외에도 많은 관찰 내용을 끌어낼 수 있습니다. 문장의 구성 스타일을 언급해도 좋습니다.

이런 정리를 하다 보면 하나님이 나에게 주시는 말씀을 받을 수 있습니다. 그냥 읽었을 때 지나칠 것도 질문을 던지는 과정에서 와 닿을 수 있습니다. 이렇게 주시는 말씀을 받아야 묵상으로 들어갈 수 있습니다. 물론 묵상까지 한 결과가 그날 나에게 주시는 말씀이지만, 관찰하며 읽는 가운데 와 닿은 말씀도 오늘 들려주시는 하나님의 음성이라고 할 수 있습니다.

언젠가 출애굽기 3장을 QT하는데 하나님께서 모세에게 "네가 백성을 끌고 나올 텐데 이 산에서 나를 예배하게 될 것이고, 이것이 증거니라"고 하시는 부분이 마음에 와 닿았습니다. 이 말씀에서 '증거'가 왜 미래를 나타내는 문맥에서 쓰였는지 궁금해졌습니다. 대개 증거라 하면 과거와 관련되는데 여기서는 약속을 증거라 하고 있습니다. 그래서 관찰을 했고 하나님께 질문을 던지게 되었습니다. "하나님, 어떻게 미래의 약속이 증거가 될 수 있습니까?" 계속 묵상을 하는 가운데, 저는 사람과 달리 하나님에게는 약속이 증거라는 답을 얻었습니다. 사람은 증거에 근거해서 행동하지만 하나님은 약속에 근거해서 행동하신다는 것입니다. 그러면서 지금 내가 붙들고 있는 약속은 무엇인지 돌아보는 적용을 하게 되었습니다.

그런데 관찰을 할 때는 '내가 왜 이것을 관찰 질문으로 뽑았나'를 설명할 수 있어야 합니다. "아무것도 염려하지 말고 모든 일에 기도와 간구로, 너희 구할 것을 감사함으로 하나님께 아뢰라 그리하면 모든 지각에 뛰어난 하나님의 평강이 그리스도 예수 안에서 너희 마음과 생각을 지키시리라"는 말씀에서 '염려하지 말고 기도하라는 말이 먼저 나오고, 그 다음에 하나님의 평강이 마음과 생각을 지킨다는 순서로 되어 있다'는 관찰을 할 수 있습니다. 그리고 이 관찰에 대해서 '보통 나는 평강이 먼저 있어야 염려가 안 되는 걸로 생각했는데, 여기서는 먼저 염려하지 않을 때 평강이 온다고 되어 있어서 그것을 관찰했다'고 그 이유를 설명할 수 있습니다.

또 "너희는 내게 배우고 받고 듣고 본 바를 행하라"는 말씀에서는 '배우고 받은 것에서 더 나아가 듣고 본 바까지를 행하라고 했다'는 관찰이 나올 수 있습니다. 배우고 받은 것을 행하라는 데서 끝낼 수도 있는데 여기서는 듣고 본 바까지를 언급한 것이 좀 특이해서 관찰을 한 것입니다. 만약 이 관찰 내용을 가지고 묵상 단계까지 간다면, '바울은 자신이 가르쳐 준 것뿐만이 아니라 그의 삶 전체를 보고 행하라고 얘기하고 있다'는 데까지 끌어낼 수 있습니다.

본문 자체를 그대로 관찰하되 '왜 그것을 뽑아냈는지' 이유를 설명할 수 있는 감각을 키워 나가야 합니다. 그래야 관찰에서 묵상에 이르는 과정이 자연스럽게 잘 연결될 수 있습니다. 계속적인 훈련을 통해 그런 내공을 길러야 합니다. QT에 훈련이 필요한 이유가 여기에 있습니다. 그냥 말씀을 읽는다고 저절로

QT가 되는 게 아닙니다. 이런 식으로 접근하는 훈련을 계속해야 합니다. 그러다 보면 나중에는 하나님이 내게 말씀하시는 생생한 음성이 자꾸 들려옵니다. 그래서 QT를 2-3일 한 사람과 2-3년 한 사람은 게임이 안 됩니다.

QT는 그냥 이런 좋은 말씀이 있다고 끝내는 것이 아니라,
받은 말씀이 나를 만져서 치유시키고
변화시키고 새롭게 하여 나를 살리는 사건이 일어나는
현장입니다.

# Part 4

묵상은 말씀과 함께 우리 안에 하나님의 영이 들어오는 것입니다.

그 영이 들어와서 우리의 지성, 감성, 의지를 다 바꿔 놓는 것입니다.

그래서 사람이 달라지는 것입니다.

# 묵　　상

지식으로 아는 것과 묵상의 차이 | 묵상이란 무엇인가 | 질문을 통해 묵상하기 | 씹어서 맛을 느끼는 과정 | 묵상을 위한 두 가지 질문 | 묵상의 전반부 | 묵상의 후반부

quiet time for beautiful life

# 지식으로 아는 것과 묵상의 차이

20세기 인물들 가운데 최고의 지성을 꼽으라면 아마도 영국의 버틀란트 러셀을 들 수 있을 것입니다. 그 유명한『서양 철학사』를 쓴 세기의 철학자이며 세계적인 지성이라 자부하는 러셀은 어릴 때부터 매우 똑똑했습니다.

교회에 다녔던 그는 총명한 머리로 성경을 굉장히 많이 읽었습니다. 마침내 성경을 목사님들보다 더 잘 안다고 생각되자 그는 성경 지식을 가지고 수많은 목사님들을 골탕 먹이기도 했고, 그들의 무지한 성경 지식을 비웃기도 했습니다. 러셀과 성경에 대해 토론했던 나이 많은 목사님들은 그의 성경 지식 앞에 깨지기 일쑤였습니다. 그러면 그는 "그것도 모르면서 설교합니까?"라며 그들을 조롱했습니다.

결국 러셀이 그 해박한 성경 지식을 가지고 쓴 책 제목이 무엇인지 아십니까?『나는 왜 기독교인이 아닌가』입니다. 성경을 근거로 해서 기독교의 허구성을 통박하는 내용의 책입니다. 러셀은 성경을 많이 알았던 까닭에 도리어 예수를 안 믿고 교만해져서 기독교를 우습게 보았던 것입니다.

도대체 무엇이 문제입니까? 성경 말씀에 능력이 없는 것입니까? 하지만 제 경험에 따르면 말씀은 생명입니다. 우리가 말씀을 읽으면 변화되는 게 분명한데 왜 러셀은 변화가 안 되고 오히려 자신의 성경 지식 때문에 예수를 안 믿게 되었을까요? 러셀의 성경책과 우리의 성경책이 달랐던 것일까요? 그가 알고 있던 그 많은 말씀이 왜 그를 신앙인으로 변화시키지 못했을까요? 참 의아하게 생각되는 부분입니다.

제가 그 문제로 고민하다가 마침내 찾은 답이 '묵상'이었습니다. 지식으로 아는 것과 묵상의 차이입니다. 러셀은 성경 말씀을 정보나 지식으로 알았을 뿐 묵상은 하지 않았던 것입니다. 말씀을 아무리 많이 읽어도 묵상하지 않은 말씀은 한 사람을 변화시키는 힘이 되지 않습니다. 묵상하지 않으면 말씀 자체를 아는 것이 도리어 영적으로 방해가 될 수 있습니다. 그래서 주일학교를 경험한 아이들이 나중에 예수 믿기가 힘든 것입니다. 주일학교 때 확실하게 중생(Born Again)시켜 놓지 않으면, 어릴 때부터 주워들은 게 많아서 나중에 예수 믿기가 더 힘듭니다. 차라리 처음 들은 얘기면 신선한 충격이라도 받는데, 이미 다 들었던 얘기를 여러 번 듣다 보면 별로 와 닿지도 않게 됩니다. 저도 '차라리 주일학교를 안 다녔으면' 하는 생각을 했던 적이 있습니다. 어렸을 때 성경 퀴즈대회에 나가서 1등을 했어도 그 말씀이 내가 힘들 때 나를 위로하고 변화시키지는 못했습니다. 전부 머리로만 알았던 것뿐입니다. 그럴 때는 성경 지식이 아무리 많아도 삶에 도움이 되지 않습니다. 지식으로만 쌓아 둔 말씀과 묵상으로 내 것이 된 말씀은 전혀 다릅니다. 바로 그 차이 때문에 러셀의 인생이 이렇게 결론 난 것입니다.

quiet time for beautiful life

# 묵상이란 무엇인가

'묵상'이라는 말은 영어로 'Meditation'인데, 'Examine'이라는 단어를 쓰기도 합니다. 우선 여기서는 'Meditation'에 대해 얘기하겠습니다.

'Meditation'과 약이라는 뜻의 'Medicine'은 같은 어근인 'med'에서 나왔습니다. 그러므로 개념상 이 둘은 서로 연결되어 있습니다. 약을 먹으면 온몸에 퍼져 약효를 내듯이, 묵상이란 어떤 생각이나 사실이 인간의 내면으로 퍼져 영향을 미친다는 뜻입니다. 약은 먹으면 소화가 되어 없어지는 것이 아니라 그 약효가 온몸에 퍼지는데, 묵상이 바로 그런 것입니다. 여기에 아주 중요한 통찰력이 담겨 있습니다.

말할 수 없이 아프다가도 약 한 알을 먹었을 뿐인데 몸이 확 좋아지는 것을 느낄 때가 있습니다. 그러다가 몇 시간 지나 약 기운이 떨어지면 다시 또 아픕니다. 신기하게도 약이 몸속에 들어와 그 기운이 퍼지면서 작용을 하는 겁니다. 말씀을 묵상하여

그 말씀이 역사하기 시작하면, 마음이 죽을 것같이 아프다가도 괜찮아집니다. 용서도 할 수 있게 됩니다. 그러다 약 기운이 떨어지기라도 하면 다른 사람들을 향해 QT 안 한다고 정죄하기도 합니다.

말씀 묵상이라는 것은 일단 지식이나 하나의 정보로 들어온 말씀이 거기서 끝나지 않고 약 기운을 퍼뜨리듯이 지성(知), 감정(情), 의지(意) 전체와 영적인 영역까지 쫙 퍼져서 우리 삶을 전적으로 장악하고 변화시키는 과정 바로 그것입니다. 그러므로 묵상이 없는 QT는 QT가 아닙니다.

이것이 꼭 맞다고 할 수는 없지만, QT나 내적치유를 할 때 인간을 육체(Body), 혼(Soul), 영(Spirit), 이렇게 세 부분으로 나눕니다. 그리고 또 혼은 지·정·의로 되어 있다고 봅니다. 그런데 마치 약 속의 화학성분이 우리 몸 안에서 작동하듯이, 말씀 속에 영성과 정보가 담겨 들어와 우리 안에서 역사하기 시작하면서 지·정·의 전반을 다 건드리는 것입니다. 그래서 지적으로는 깨닫게 되고, 감정적으로는 기쁨이 있게 되며, 의지적으로는 결단하게 됩니다.

말씀을 묵상할 때는 영, 곧 하나님의 영이 우리 안으로 들어와야 합니다. '아, 그런 말씀이 있구나'라고 깨닫는 것은 엄밀히 말해 묵상이 아닙니다. 예를 들어 예수님이 "인자는 머리 둘 곳이 없다"고 하신 말씀을 읽고 아, 나도 갈 데가 없어'라고 하는 정도로 끝내는 것은, "오늘도 걷는다 정처 없는 이 발길" 하는 유행가 가사에서 감동받는 것과 다르지 않습니다. 이렇게 되면 자칫 영이 빠진, 감정적인 부분에서의 터치로 끝날 수도 있습니다.

정확히 말해서, 묵상은 말씀과 함께 우리 안에 하나님의 영이 들어오는 것입니다. 그 영이 들어와서 우리의 지적인 부분, 감정적인 부분, 의지적인 부분을 다 같이 바꿔 놓는 것입니다. 그래서 사람이 달라지는 것입니다. 그렇지 않다면 묵상을 잘못하고 있는 것입니다.

읽기를 통해서 나의 인지 영역으로 들어온 말씀이 가슴까지 들어오지 않고 그냥 처리된다면 그 말씀과 나의 내면과는 별 상관이 없게 됩니다. 말씀을 읽고도 삶이 변하지 않고 내면의 경향이 변하지 않는다면, 그것은 그저 세상 지식을 몇 가지 더 안 것에 불과합니다.

만약 러셀이 예수 그리스도의 십자가 얘기를 들었을 때 그 말씀을 받아들여 묵상했다면 십자가 은혜 앞에서 거꾸러졌겠지만, 그는 그저 '십자가? 그거 이런 뜻이야' 하고는 끝내 버린 것입니다. 그러니까 그 다음부터는 이 지식이 그가 신앙을 갖는 데 도리어 방해가 된 것입니다. QT를 오래 했어도 묵상이 잘 안 되면 오히려 교만해질 수 있는 게 다 이런 이유에서입니다.

그러면 구체적으로 어떻게 묵상해야 하는지 그 방법을 살펴

봅시다. QT에서 가장 어려운 과정이 묵상인데, 그것은 어떤 공식이 정해져 있지 않기 때문입니다. 그래도 묵상을 가장 잘 할 수 있는 방법을 찾아보면, 질문을 통해 묵상하는 것과 직접 주시는 말씀을 받는 것, 이 두 가지로 나눌 수 있습니다.

사실 질문을 통해 묵상하는 것은 분석적 경향이 강한 서양 사람들이 많이 쓰는 방법입니다. 반면 직접 주시는 말씀을 받는 것은 동양 사람들이 잘할 수 있는 묵상법입니다. 동양 사람들은 직관이 강하기 때문입니다. 왜 그 말씀을 받았는지는 모르겠지만 하여간 하나님이 주셨다는데 어떻게 하겠습니까? 실제 QT 하는 사람들을 보면 질문을 통해 묵상하는 사람도 많지만 직접 받는 분도 꽤 많습니다. 행여 직접 주시는 말씀을 받느라 질문 부분을 무시해 버린다 해도, 어차피 QT라는 것이 하나님과의 교제를 통해 그분의 자녀인 것을 확인하고 인도와 공급을 받는 일이므로, 어떤 방법으로 묵상하든 상관은 없습니다. 저는 이 두 가지 방법을 때에 따라 사용할 수 있다고 생각합니다.

quiet time for beautiful life

# 질문을 통해 묵상하기

질문을 하는 것은 사실 묵상법의 기본입니다. 가장 일반적인 QT 방법 중 하나인 PRESS 방법 중에서 '묵상'에 해당하는 것이 무엇입니까? 그것은 세 번째 'E'자로서, 'Examine His Word'(말씀을 묵상하십시오)를 말합니다. 여기서 묵상을 'Examine'이라고 한 것에 주목하십시오. 저는 PRESS라는 말의 조합을 위해 이 단어를 썼다고 생각하지는 않습니다. 'Examine'은 묵상의 본질을 우리한테 잘 알려 주는 단어입니다.

흔히 '묵상'을 눈 감고 가만히 앉아 명상하는 것이라고 오해합니다. 하지만 명상을 하다 보면 잡생각이 들어오기가 쉽지, 말씀에 붙잡힐 가능성은 적습니다. 저도 시도해 본 적이 있는데 잡생각이 심해져 아예 세계일주를 하는 기분이었습니다. '왜 이렇게 QT가 안 되나' 하면서 앉아 있다 보면, 각종 걱정거리들이 꼬리에 꼬리를 물면서 끝없이 튀어나옵니다. 잘못 명상하면 한심한 걱정거리들에 사로잡힐 때가 많습니다.

물론 어떤 단계에 들어가면 나를 완전히 비우고 고요한 상태에 이를 수는 있지만, 우리가 말하는 QT에서는 뉴에이지 운동에서 말하는 그런 상태를 추구하지 않습니다. 그렇게 가만히 있다 보면 잡생각이나 잡신이 들어오기 십상입니다. 성령님은 가만히 있을 때 들어오시는 것이 아니라 우리가 요청할 때 들어오십니다. 명상이라는 방법은 신앙의 영성과는 거리가 있습니다. 우리의 영성은 그냥 가만히 있어도 뭔가 깨달아진다는 뉴에이지적 영성이 아닙니다. 우리는 하나님과 교제하기 위해서 그분이 주신 지성과 감정과 의지를 다 사용합니다.

그래서 묵상을 표현하는 데는 'Examine'이라는 단어가 더 좋습니다. 이 단어를 쓰는 이유는 묵상이란 것이 단순하게 '명상'하는 차원이 아니라, 우리에게 주신 하나님의 말씀을 잘 깨닫기 위해 탐구하고 생각하는 것임을 강조하기 위해서입니다. 'Examine'에는 단순히 생각한다는 정도의 의미가 아니라, 그 말이 무슨 뜻인지를 찾고 구하고 노력한다는 뜻이 내포되어 있습니다. 탐구하려면 질문을 던져야 합니다. '왜 그런가?', '무슨 뜻인가?' 하고 질문을 던지다 보면 그 질문 가운데 깨달음이 오는데, 깨달음이 오는 그 순간이 바로 묵상이 이루어지는 순간입니다. 그리고 이렇게 질문하고 깨닫는 전 과정을 통틀어서 '묵상'이라고 합니다.

quiet time for beautiful life

# 씹어서 맛을 느끼는 과정

QT를 만나 먹는 것에 비유한다면, 준비기도는 식욕을 돋우는 것에 해당하고, 읽기는 만나(음식)를 입에 넣는 것에 해당합니다. 그리고 묵상은 그 음식을 잘 씹어서 넘기는 것에 해당하는데, 씹을 때마다 그 사이사이에 있던 즙이 터져 나와 이전에 알지 못했던 맛을 느끼게 됩니다. 그런 것을 경험해 보았습니까? 말씀을 팍 씹었더니 즙이 탁 터지면서 맛이 느껴지는 것이 묵상입니다. '아! 이런 뜻이었구나' 하는 그것이 바로 묵상입니다. 직접 과일을 먹으면서 이 의미를 되새겨 보십시오.

그런데 여기서 '씹는다'는 것은 질문하고 대답을 찾아내는 과정 모두를 말합니다. 이때 중요한 것은 '내가 깨닫는 것이 아니라 하나님께서, 성령님께서 깨닫게 하신다'는 것입니다. QT는 처음부터 끝까지 내 작업이 아닙니다. 노력은 내가 하지만 결국 깨닫게 하시는 분은 성령님입니다. 우리 영성의 주도권은 항상 하나님께 있습니다. 그래서 묵상도 역시 하나님께 간구하며 기도

하는 자세로 해야 합니다. 물론 준비기도할 때 기도를 드리지만 묵상할 때에도 계속 기도하는 자세로 임해야 합니다.

묵상을 위한 질문 중 하나가 "하나님, 이것이 무슨 뜻입니까" 입니다. 이것은 '만나'의 의미이기도 합니다. 만나는 QT 질문의 시조(始祖)입니다. 묵상할 때는 내가 노력해서 알아낸다고 생각하지 말고 하나님께 끝없이 물어 가야 합니다. 그렇게 물어 가다 보면 결국 하나님께서 깨닫게 하십니다. 바로 그런 모습을 보여 주는 말씀이 시편에 두 구절 나옵니다.

"내 눈을 열어서 주의 법의 기이한 것을 보게 하소서"(시 119:18).

이 말씀에서 '내가 보겠다'가 아니라 "보게 하소서"라고 한 점에 유의하십시오. 이것이 우리의 기도제목이 되어야 합니다. 주도권을 그분께 드린다는 이 관점이 절대로 바뀌어서는 안 됩니다. 이것이 바뀌면 QT가 내 작업이 되어 버립니다.

"나는 주의 종이오니 깨닫게 하사 주의 증거를 알게 하소서"(시 119:125).

여기서도 분명히 자신이 '깨닫는다'고 하지 않고 "깨닫게 하사"라고 했습니다. 기도는 어찌 되었든 내가 무릎을 꿇고 하면 되는 부분입니다. 읽는 것도 집중이 안 되면 안 되는 대로 계속 읽으면 됩니다. 하지만 묵상은 하나님이 깨달음을 주시지 않으면 진도를 못 나갑니다. 그래서 기도로 계속 간구해야 합니다.

언젠가 아침에 QT를 하는데 도대체 아무리 묵상을 해도 깨달음이 안 오는 것이었습니다. 아침 내내 '이게 무슨 뜻이냐'를 붙들고 씨름했습니다. 출근 시간은 다가오는데 하나님이 답을 안 주시니, 결국 '분명히 주시겠지' 하는 믿음으로 묵상을 멈추고 차를 탔는데, 차를 타고 나오는 그 순간에 깨달음이 왔습니다. 그렇게 헤매고 전혀 감이 안 오던 부분이 그때 딱 터지는 것이었습니다. 그래서 출근한 다음 나머지를 정리하고 QT를 마쳤습니다.

QT를 해본 분은 묵상이 안 될 때의 답답함을 알 것입니다. 도대체 무슨 뜻인지 읽고 또 읽고 또 읽어도 전혀 감이 안 올 때가 있습니다. 그러면 답답하니까 '오늘은 이 정도로 해두자. 이걸 주신 말씀으로 하지 뭐' 하면서 포기하고 타협하기가 쉽습니다. 하지만 끝까지 기다려야 합니다. 하나님은 분명히 깨달음을 주십니다. QT에서는 그것을 믿고 나가는 것이 중요합니다. 그렇게 해서 어느 순간 확 깨달아질 때 내가 변하고 큰 은혜가 임합니다. 단순히 깨닫는 것으로 끝나는 게 아니라 그분이 깨닫게 하심으로 그때 그분의 영이 확 부어집니다. 하나님이 깨닫게 하시는 과정에서 하나님의 영이 부어지는 것입니다. 그 영이 나를 살리며 내 안에 역사를 일으킵니다. 내가 깨닫는 것이 아니라 그분이 깨닫게 하신다는 관점을 끝까지 놓치지 말아야 합니다.

quiet time for beautiful life

# 묵상을 위한 두 가지 질문

### 첫째, 기본적인 질문

'기본적인 질문'을 할 때는 '분석적으로 읽기'에서 이미 던졌던 질문이 반복되어 사용됩니다. 묵상은 읽기와 개념상 분명히 구별되지만, 그러나 실제적으로는 우리가 읽기를 할 때 이미 묵상도 어느 정도 함께 이루어질 때가 많기 때문에, 분석적으로 읽기 위해 물었던 관찰 질문을 다시 한 번 사용할 수도 있습니다. 단, 여기서 읽기와 묵상의 차이가 있다면, 읽기에서는 질문에 대해 관찰 가능한 범위에서만 대답하지만, 묵상에서는 관찰을 넘어선 해석까지 하면서 질문에 답한다는 것입니다.

기본적인 질문이란 누가, 언제, 어디서, 왜, 무엇 때문에 같은 의문사를 사용하여 묻는 질문들입니다. 예를 들어 명령문이 반복되어 사용되고 있을 때 관찰적인 질문을 한다면, 그것에 대한 답은 다섯 번 반복했다든가, 여섯 번 반복했다든가 하는 것이 됩니다. 그런데 더 나아가 '바울은 아마 이것이 반드시 지켜져야 하기 때문에 명령문을 썼을 것이다'라고 답한다면 그것은 묵상으로 들어간 것입니다. 그 차이를 아시겠습니까? 본문에서 그냥 누구라도 골라낼 수 있는 답은 '관찰'입니다. 그러나 내가 하나님께 받은 생각으로 해석을 붙이기 시작하면 '묵상'에 들어간 것입니다.

기본적인 질문은 내용 파악과 관계됩니다. 이런 질문을 많이 해봐야 질문하는 방식의 묵상에 발을 내딛게 됩니다. 질문 없이 무조건 믿는다는 것은 좋은 자세가 아닙니다. 부정하기 위해서가 아니라 믿기 위해서 물어야 합니다. QT할 때는 자꾸 물어야 합니다. 의문사를 많이 써야 합니다.

'이게 왜 이렇게 나왔지?', '이게 무슨 뜻이지?' 하면서 의문사를 계속 사용하는 것입니다. 그런 예민한 질문들을 가지고 말씀을 자꾸 읽는 것이 묵상 과정에서 중요합니다. 우리가 감히 하나님 말씀을 그렇게 샅샅이 파헤쳐도 되나 생각할지 모르지만, 그렇게 잘 씹어야 그 속에 숨어 있는 즙이 터집니다.

**둘째, 영적인 질문**

이 질문은 내용 파악보다는 숨겨진 영적인 비밀을 깨닫게 하기 위한 것으로서, 이때 얻어지는 깨달음을 '통찰'(Insight)이라고 합니다.

영적인 질문은 다음과 같이 나름대로 주제를 가지고 질문하는 것입니다.

① 이 말씀 속에 나타난 하나님(성부, 성자, 성령)의 성품, 속성은 무엇인가?

② 이 말씀 속에서 우리에게 보여 주시는 하나님의 역사하심(섭리)의 원리는 무엇인가?

③ 성경의 저자는 우리에게 어떤 영적 비밀을 알려 주고 있는가?

결국 영적인 질문은 하나님이 어떤 분인가를 찾는 질문들입니다. 어떤 역사 뒤에 있는 하나님의 섭리가 무엇인가를 찾는 것입니다.

출애굽기 QT를 하는데 모세가 동족을 치는 애굽 사람을 쳐 죽이는 장면이 나왔습니다. 그것을 보며 모세가 이런 행동을 하는 배경은 뭘까 생각해 보았습니다. 그것은 정의감이었습니다. 애굽 사람을 쳐 죽인 것도 정의감에서, 싸우는 동족더러 잘못했다고 말한 것도 역시 정의감에서 나온 행동이었습니다. 그리고 미디안에 가서 르우엘의 딸들이 물을 길을 때 다른 목자가 빼앗는 것을 막아 준 것도 정의감에서였습니다.

그런데 인간의 정의감 속에 들어 있는 정서는 분노와 욕망,

교만 이 세 가지입니다. 그러니까 애굽 사람을 쳐 죽인 것은 '분노'이고, 싸우는 동족더러 '네가 잘못했고 네가 잘했고'라고 판단해 준 것은 '교만'이었습니다. '내가 어제 한 건 올렸는데 사람들이 나를 알아보려나' 하는 '교만'에서 나온 행동이었습니다. 르우엘의 딸들을 도와준 것은 의협심 있어 보이고 싶은 '욕망'에서였습니다. 그런데 여기까지만 생각하고 '인간의 정의감이라는 정서는 참 별게 아니구나' 하고 끝내서는 안 됩니다. 하나님은 어떤 분이신가 찾아야 하기 때문입니다.

① 이 말씀 속에 나타난 하나님(성부, 성자, 성령)의 성품, 속성은 무엇인가?

출애굽기에서 일련의 사건들 후에 하나님께서 이스라엘 백성이 고역으로 인하여 부르짖는 그 음성을 들으셨다는 말씀이 나옵니다(출 3:23-24). 여기에서 '하나님은 어떤 성품을 갖고 계신가'를 찾는 것이 바로 영적 질문을 하는 것입니다.

이스라엘 백성이 하나님께 요청할 만한 자격이 있었기에 하나님이 그들의 부르짖음에 귀 기울이신 것입니까? 아닙니다. 하나님은 그들의 부르짖는 소리를 듣고 그냥 응답하셨습니다. 하나님의 정서는 정의감이 아니라 긍휼히 여기심입니다. 이 본문에서 긍휼히 여김과 정의감이라는 두 정서를 비교하는 가운데 저는 "네가 정의감으로 사람들을 대하면 다 너를 떠날 것이고, 긍

훌함으로 그들을 이해하기 시작하면 다 같이 하나가 된다"는 하나님의 말씀을 받았습니다. 이것이 바로 QT가 주는 맛입니다.

QT할 때 '하나님은 어떤 성품인가' 하는 영적 질문을 자꾸 던져 보십시오. 묵상이 잘 안 되면 '여기서 하나님은 어떤 성품으로 나타났는가'를 한번 찾아보십시오. 당장 답을 찾지 못한다 해도 그런 질문을 계속 던지는 것이 중요합니다.

② 이 말씀 속에서 우리에게 보여 주시는 하나님의 역사하심(섭리)의 원리는 무엇인가?

"그가 너를 대신하여 백성에게 말할 것이니 그는 네 입을 대신할 것이요 너는 그에게 하나님같이 되리라 너는 이 지팡이를 손에 잡고 이것으로 이적을 행할찌니라"(출 4:16-17)는 말씀을 QT하는데 묵상이 잘 안 되어서 한참을 헤매고 있었습니다.

그러다가 '하나님은 모세가 대인공포증이 있는 걸 애당초 아셨다'는 생각이 퍼뜩 들었습니다. 모세는 주제넘게 사람들 앞에 서는 사람이 아니었습니다. 그러니까 여기서 하나님은 "네가 그렇게 대인공포증이 있으면 사람들 앞에 나서지 말아라. 아론한테만 말하면 아론이 알아서 다 남들한테 말해 줄 거야"라고 말씀하신 것입니다. 이처럼 하나님은 우리의 연약한 부분을 덮어 주시는 분입니다. 이것이 하나님의 영적 원리입니다. 하나님은 어떤 일을 하실 때 반드시 영적 원리를 갖고 하십니다.

그 다음에는 "지팡이는 네가 잡아라. 아무리 그래도 나는 너를 통해 일하겠다"는 말씀이 와 닿았습니다. 이것은 한번 나한테 말씀하셨으면 끝까지 나를 통해 일하시겠다는 하나님의 뜻을 보여 줍니다. 이렇게 '하나님의 섭리의 원리'를 발견하고서 그날 저녁에 저는 '지팡이는 제가 잡겠습니다'라는 결심을 했습니다. 이처럼 하나님이 어떤 식으로 영적인 사람들을 다스려 나가시는지, 그 원리를 찾는 것이 두 번째 영적인 질문입니다.

③ 성경의 저자는 우리에게 어떤 영적 비밀을 알려 주고 있는가?

출애굽기 4장 24-26절을 보면 "여호와께서 길의 숙소에서 모세를 만나사 그를 죽이려 하시는지라 십보라가 차돌을 취하여 그 아들의 양피를 베어 모세의 발 앞에 던지며 가로되 당신은 참으로 내게 피 남편이로다 하니 여호와께서 모세를 놓으시니라 그때에 십보라가 피 남편이라 함은 할례를 인함이었더라"고 했는데, 저는 왜 갑자기 이런 말씀이 여기에 나오는지 의문이 생겼습니다. 도대체 출애굽기 저자가 이 말씀을 왜 이 부분에 넣었는지 질문했습니다. 이것은 영적으로 무엇인가를 알기 위해서 묻고 찾는 것입니다.

모세가 이드로 집에 데릴사위로 들어갔습니다. 그야말로 이드로의 사위요, 아들이었습니다. 그런데 다시 이스라엘 백성에게 돌아가야 한다고 하자 이드로는 "가라"고 허락해 주었습니다.

하지만 십보라는 그렇지 못했습니다. 갑자기 남편이 돌아간다는데 누가 그것을 그냥 받아들이겠습니까? 그래서 십보라가 모세와 같이 가자며 따라온 것입니다.

이때 모세는 아마도 하나님께 고민을 얘기하면서 상담했을 것입니다. "하나님, 제 아내가 저렇게 이해를 안 해 주고 있으니 어떻게 하면 좋겠습니까?" 그러자 하나님께서는 "내가 처리해 주지" 하면서, 모세를 중병에 들게 하셨든지, 아니면 어떤 어려움을 당하게 하셨던 것 같습니다. 이때 십보라는 남편이 죽어 가는 것을 보며 '내가 붙잡는다고 내 남편이 아니구나' 하는 것을 깨닫고는 자기 아들에게 할례를 행한 것입니다. '피 남편'이라는 말에는 "당신은 이스라엘 사람이지 미디안 사람이 아니며, 나는 내 주장을 포기합니다"라는 뜻이 들어 있습니다. 그 다음 본문에서 알 수 있지만, 거기서 십보라는 남편을 혼자 보내고 자신은 아들과 함께 떠납니다. 결국 하나님은 가정사역까지 해 주시는 분이라는 것을 이 본문은 보여 주고 있는 것입니다.

'이런 얘기가 왜 나왔지? 어떤 영적인 얘기를 하려고 그러지?' 하고 묻는 것이 세 번째 영적인 질문입니다. 이런 질문을 가지고 본문을 계속 읽다 보면 거기서 귀한 영적 진리를 얻을 수 있습니다.

묵상 질문을 할 때 특별히 유의해야 할 점이 있습니다. 성경의 저자들이 살았던 시대의 문화를 이해해야 한다는 것입니다.

지금으로부터 이천 년 전 유대 땅에 있는 바울 사도에게 하나님께서 A라고 하는 진리를 던져 주셨습니다. 그랬을 때 바울은 주신 그대로 A를 가지고 있었을까요? 천만의 말씀입니다. 그는 그 진리를 자기 스타일대로 받아들였습니다. 자기 상황에 비추어 'A는 이런 것이다'라고 덧붙였습니다. 말씀은 구체적인 삶과 만나야 비로소 말씀이 됩니다. 하나님이 진리를 던져 주시면 그것은 내 삶과 부딪히고 어우러지게 됩니다.

그렇기 때문에 말씀을 대할 때는 시대적 맥락을 항상 고려해야 합니다. 아주 쉬운 예를 하나 들어 보겠습니다. "이곳은 거룩한 곳이니 네 발에서 신을 벗으라"는 본문을 읽는다고 칩시다. 그 당시 이스라엘 사람들이 신을 벗는다고 한 것과 우리가 생각하는 신 벗는 것은 전혀 다른 개념입니다. 여기서 '신을 벗는다'는 것은 아주 신령한 사람 앞에 갔을 때의 경건한 자세를 말합니다. '거룩'이란 의미로 쓰인 말입니다.

물론 성경은 하나님의 말씀이지만, 성경의 저자들이 하나님과 부딪쳤던 사건들을 자기 시대의 언어로 적고 있기 때문에, 우리의 상황에서 그대로 받아들이다 보면 당연히 오해할 부분이 많습니다. 어떤 책에서 '개새끼'라는 단어를 썼다고 합시다. 그러면 한국 문화를 전혀 알지 못하는 사람은 그것을 '강아지'라고 이해합니다. 그런데 그것이 강아지를 말하는 것이 아니라는 것을 우리는 압니다. 이처럼 성경을 쓴 사람의 문화와 언어가 있습니다.

성경의 저자는 자기가 살았던 문화의 맥락 가운데서 나름대로 표현을 한 것입니다. 그래서 말씀을 그냥 읽으면 모르는 게 많이 나올 수밖에 없습니다.

성경의 저자들은 다들 문화의 옷을 입고 성경을 썼습니다. 그것을 그대로 우리에게 적용하려고 하면 우리 현실에 맞지 않는 게 너무 많고 재미가 없습니다.

그러면 어떻게 해야 할까요? 문화라는 옷을 벗겨야 합니다. 그리고 A라는 본질만 꺼내는 것입니다. 그 A를 꺼내는 작업이 바로 하나님의 성품과 영적 원리, 영적 비밀을 찾아내는 것입니다.

'도대체 하나님의 말씀에 대해서 무슨 말이 그렇게 많나, 그냥 믿으면 되지' 싶겠지만, 문화의 옷을 자꾸 벗겨야 합니다. 그런데 그것이 사실 힘든 일이기에 우리가 묵상할 때 영적 원리를 캐내는 질문을 던지는 것입니다.

하나만 더 예를 들어 보겠습니다. 하나님께서 모세에게 지팡이를 던지면 뱀이 되고 뱀을 다시 집으면 지팡이가 된다는 말씀을 주셨습니다. 이 말씀을 보고 '나더러 지팡이를 던지라는 뜻이구나' 하고 받아들이면 되겠습니까? 애매한 지팡이만 계속 던진다고 뱀이 될까요? 지팡이 사건은 하나님께서 우리에게 어떤 영적인 확신을 주기 위해 행하신 일입니다. 그러므로 여기서는 '하나님께서 내 손에 든 것을 가지고 나에게 확신을 주어 일을 시키시는구나' 하는 영적 진리를 발견하고, 내가 오늘 던질 지팡이는 무엇인지, 그래서 뱀이 될 건 무엇인지 찾아보아야 합니다. 이처럼 질문을 통해 문화의 옷을 벗기고, 저자의 한계를 벗기고, 생각의 옷을 벗기면서 알맹이를 찾아내려고 하는 작업이 바로 묵상입니다.

그런데 이런 질문들을 할 때, 성경을 연구하듯이 그렇게 고민하고 애쓰면서 물을 필요는 없습니다. 우리가 성경을 연구해서 논문 발표하려는 것은 아니기 때문입니다. 그저 '읽기'를 반복하다가 자연스럽게 떠오른 질문을 던지면 되는 것입니다. 그것은 성령께서 묻게 하시는 질문입니다.

묵상이 안 되면 자꾸 말씀을 읽으십시오. 오늘 나한테 주신 말씀을 받기 위한 영적인 일이기 때문에 읽기가 중요합니다. 자꾸 읽어야 합니다. 한 번 더 읽었는데 묵상이 안 된다면 또 읽으십시오. 그래도 안 되면 자세를 바꿔 앉아서 읽든가, 일어나서 읽든가, 누워서 읽든가, 아니면 다른 성경을 읽든가 하십시오. 하여간 환경에 변화를 주며 자꾸 읽으십시오. 생각이 한쪽으로 쏠려서 다른 쪽을 전혀 못 듣는 수가 있기 때문에, 변화를 주다 보면 갑자기 뭔가 잡히는 게 생길 수 있습니다.

그렇게 뭔가 와 닿는 부분이 생기면, 이제 질문에 들어가는 것입니다. 질문과 동시에 답이 나오기도 하고, 답을 이미 가지고 질문할 때도 있지만, 답은 전혀 없는데 질문만 나올 때도 있습니다. 이처럼 답은 모르고 질문만 나왔을 때는 상당히 당황스럽습

니다. 답은 안 나오면 어떻게 하나 걱정도 됩니다. 그러나 반드시 답은 나옵니다. 그 점은 제가 보장할 수가 있으니 걱정 말고 마음껏 물으십시오.

quiet time for beautiful life

# 묵상의 전반부

질문들을 가지고 답이 무엇인가를 기도하며 찾는 것까지가 묵상의 전반부입니다. 아직 묵상을 다한 것이 아닙니다.

그런데 이때 모든 질문에 반드시 답을 해야 하는 것은 아닙니다. 답이 무엇인가 기도하며 생각하고 의문을 가진 채 성경을 읽지만 전혀 감동이 오지 않는 질문들은 버려도 됩니다. 묵상하다가 눈이 밝아지면서 깨달아지는 것 한두 가지만을 그날 나에게 주신 하나님의 말씀으로 받으면 됩니다.

예를 들면 "감사함으로 하나님께 아뢰라"는 말씀에서 '왜 간절하게 아뢰라 하지 않고 감사함으로 아뢰라고 했을까' 하는 의문이 생겼으면 그 이유를 본문에서 찾는 것입니다. 본문에 나오지 않는다고 해서 내 생각까지 집어넣어 가며 답을 찾다 보면 성령이 주신 통찰이 아니라 치우친 생각을 할 수도 있으니 조심해야 합니다. 그래서 성경을 읽을 때 균형이 중요한 것입니다.

나 혼자 생각하기 시작하면 완전히 삼천포로 빠지는 답이 나

올 수도 있습니다. '감사합니다'를 '열려라 참깨'나 하나님의 주머니를 여는 주문처럼 여기면 곤란합니다. 전혀 성경하고 맞지 않습니다. 그러므로 성경 전체를 많이 읽고, 본문에 대한 배경 설명을 좀 아는 것이 좋습니다. 이럴 때 QT 교재에 나와 있는 본문 연구가 도움이 됩니다.

QT란 무슨 특별한 것이 아니라 이처럼 하나님이 누구실까 묻고 생각하는 일입니다. 그러다 보면 하나님 경향이 강화됩니다. 하나님 생각만 하기 때문입니다. 하나님 생각을 많이 하는 것이 QT입니다.

"그리하면 모든 지각에 뛰어난 하나님의 평강이 그리스도 예수 안에서 너희 마음과 생각을 지키시리라"(빌 4:7)는 말씀을 보면서, '평강이 너희 마음과 생각 속에 가득 찰 것이라고 말하지 않고, 왜 지킨다는 말을 썼을까?'라는 질문이 생겼다고 합시다. 그러고서 묵상을 한 결과 '염려와 불안도 나를 밀고 들어오는 하나의 세력이다. 그리고 그것을 향해서 마주쳐 싸우고 계신 것이 하나님의 평강이라는 적극적인 세력이다. 그래서 주 안에서 항상 기뻐하라고 하셨구나. 평강이라는 것은 단순히 채워지면 있는 가만히 유지되는 그런 상태가 아니라 지키는(Guard) 능력이구나' 하는 답을 얻었습니다. 이제 그 진리를 받아들여 자기 염려를 향해서 주님의 이름으로 꾸짖는 것이 적용입니다. 이런 패턴으로 나가는 것이 QT입니다.

quiet time for beautiful life

# 묵상의 후반부

질문한 것에 대해 답을 찾고 말씀을 받았다면, 이제 그 말씀을 가지고 본격적으로 묵상(Meditation)을 해야 합니다. 이것이 후반부입니다. 깨달은 말씀을 느끼는 것, 영적 진리를 체험하는 것, 음미하는 것입니다. 이 단계를 거쳐야 약 기운이 온몸에 퍼질 수 있습니다. 새로워질 수 있습니다. 이는 말씀이 내 안에서 충분히 역사하시도록 하는 것입니다. 이때 주의할 것은 'Quiet Time'(경건의 시간)이 'Quick Time'(대충 시간)이 되지 않도록 하는 것입니다.

묵상의 후반부에서는 머리로 아는 것만 갖고는 안 됩니다. 마음으로 느껴야 합니다. 눈을 감고 2-3분간 "하나님, 제 마음에 염려가 밀려들어오고 있는데 주의 평강으로 그걸 막아 주십시오" 하고 중얼거리면서 말씀을 온몸으로 느끼는 것입니다. 그런 과정을 꼭 거쳐야 합니다.

지금 받은 말씀을 가지고 한번 이렇게 해보십시오. 정말 하나

님 앞에서 받은 말씀이 무엇인지, 눈을 감고 중얼거리면서 느껴 보십시오. 그러는 가운데 내 삶이 펼쳐지면서 자연스럽게 적용을 위한 토대가 마련되기 시작합니다.

지금까지 '질문을 통해 묵상하는 방법'을 살펴보았습니다. 이 것이 본래의 묵상입니다. 그러나 이 방법이 전부는 아닙니다. 하나님이 직접 주시는 말씀을 받는 두 번째 방법도 있습니다.

묵상의 원칙은 지금까지 공부한 내용들이지만, 또 다른 부분에서 우리가 QT할 때 빈번하게 일어나는 묵상이 있습니다. 이것은 잘못된 묵상이라기보다는 현실을 살아가고 있는 우리가 가질 수밖에 없는 한계인지라, 아마 하나님도 인정하실 것입니다. 다음과 같은 것들이 여기에 들어갑니다.

① 질문과 대답의 과정을 생략한 채, 읽기나 묵상을 위한 질문 과정에서 아무 이유 없이 어떤 단어나 문장이나 이름 등이 가슴에 와서 콱 박히는 것입니다.

묵상하는데 갑자기 '기뻐하라'는 말씀이 와 닿습니다. 왜 기뻐하라고 했는지 물을 새도 없이 '기뻐하라'는 단어가 계속 메아리치는 것입니다. 이 경우는 이 말씀을 가지고 하나님께 적용을 위한 기도를 드리면서, 자신의 삶에 적용해 가면 됩니다. 그렇게 해도 아무런 문제가 될 것이 없습니다. 그 이유를 꼭 찾아야 하는 것이 아닙니다. '아, 이건 QT가 아니라고 했는데 버려야지' 한다거나, '왜 그런지 묻자'고 하다가는 QT를 망칠 수 있습니다. 지금 내게 필요하니까 그대로 하나님께서 주신 것입니다. 이럴 때는 그냥 그대로 묵상의 후반부로 들어가 말씀을 음미하면 됩니다.

② 현실에서 구체적으로 고민하고 있거나 관심 있는 문제에 대한 말씀이 읽기나 묵상을 위한 질문을 찾는 가운데 눈에 띄고 갑자기 깨달아지는 것입니다.

이때는 적용까지 한꺼번에 일어나게 됩니다. 빌립보서 4장 4-9절을 읽으면서 질문과 대답의 과정 없이 그냥 직접 당신에게 주어졌던 말씀이 있습니까?

고민되는 문제가 있어 계속 기도하는데도 응답이 안 올 때가 있습니다. 그러다가 QT를 하는 중에 '감사함으로 하나님께 아뢰라'라는 구절이 갑자기 마음에 다가오면서, '아, 내가 감사 없이 기도했구나! 감사가 부족해서 이 말씀을 주셨구나' 하는 깨달음과 감동이 오면 그 자리에서 그냥 바로 받아야 합니다. 이것은 묵상을 통해 삶으로 간 것이 아니라 내 삶이 묵상을 잡은 것입니다. 거꾸로 간 경우입니다. 그래도 QT를 제대로 한 것이니 너무 염려하지 마십시오.

이처럼 문제를 가진 사람이 답을 꼭 구하겠다는 마음으로 QT를 한 것은 아니지만 QT 중에 말씀을 보면서 답을 발견할

수도 있습니다. 이때는 적용까지 끝난 것입니다. 인생의 참 어려운 순간에도 말씀은 우리에게 빛을 주십니다. QT는 깊게 하면 정말 보물입니다. 각양 좋은 보화가 다 나옵니다.

앞에서도 얘기했지만, 저는 LA에서 목회할지를 고민하는 가운데 마가복음 6장 34절 말씀으로 QT하게 된 날이 있었습니다.

"예수께서 나오사 큰 무리를 보시고 그 목자 없는 양 같음을 인하여 불쌍히 여기사 이에 여러 가지로 가르치시더라."

이 말씀을 보면서 바로 답을 얻고 마음을 굳힌 경험이 있습니다. 또 교회 안에서 누군가를 치리하여 내보내야 할 상황에서, 베드로에게 검을 도로 꽂으라고 말씀을 하시는 예수님을 QT 가운데 보며 마음을 정리하기도 했습니다.

그런데 이때 주의할 것이 있습니다. 마치 점을 치듯이 본문의 의미와 아무 상관없이 단어만 수집하는 식의 묵상은 위험합니다. 무엇인가를 할까 말까 망설이는데 "행하라"(빌 4:9)는 단어가 눈에 들어온다고 해서 그것을 주신 말씀으로 받고 얼른 묵상, 적용해서는 안 된다는 것입니다. 여기서 '행하라'는 바울에게 배우고 보고 들은 대로 신앙생활을 하라는 의미입니다.

하나님은 자연법칙도 만드셨으므로, 무조건 기적으로만 이끌어 가시지는 않습니다. 우리는 말씀을 대할 때 이성(理性)을 작동시키고 상황도 고려해야 합니다. 일상과 상식도 무시하지 말아야 합니다. 하나님의 일반적 성품에 어긋나는 것으로도 적용해서는 안 됩니다. 계속 이 방법만 너무 많이 쓰면 QT의 깊이가 없어지고 QT를 대충하게 됩니다. 즙이 터지는 일이 안 일어납니다.

묵상의 기본적인 방법은 첫 번째 방법입니다. 찾고 묻고 하나님과 대화하고 느끼고 하는 것이 가장 좋은 방법입니다. 때때로 하나님이 직접 주시는 말씀을 받는 두 번째 방법을 사용할 때도 있지만 거기 너무 길들여지면 인스턴트 QT가 됩니다. 만날 척 보면 안다는 식으로 말씀을 대하면 위험합니다.

'지금 투자를 할 거냐 말 거냐' 고민하는데, QT를 하다 보니 "너희는 내게 배우고 듣고 본 바를 행하라"는 말씀이 나왔다고 합시다. 이때 '행하라가 나왔구만. 그러면 해야지' 하고는 투자를 했다가 망했다면 과연 누구를 탓해야 할까요? '바울에게 배우고 받고 보고 들은 바를 행하라'는 그 문맥을 이해해야지, '행하라'만 적용해서는 낭패를 보게 됩니다.

어떤 사람이 꿈을 꿨는데, 꿈에 돼지가 많이 나타났습니다. 그런데 놀라운 것은 돼지들 가운데 한 마리의 엉덩이에 커다랗게 'G'자가 새겨져 있었습니다. 또 그 다음 돼지를 보니 'O'자가 새겨져 있고, 그 다음 돼지에는 'D'자가 새겨져 있었습니다. 이 꿈은 보나마나 하나님이 함께하시는 꿈이다 해서 그 사람은 증권투자를 했는데, 결과는 참담했습니다. 쫄딱 망한 것입니다. 그래서 "이럴 수가 있습니까? 돼지도 보여 주시고, 분명히 그것도 하나님이 주신 꿈이라고 글자까지 보여 주셨는데 왜 내가 망해야 합니까?"라고 항변했더니, 하나님께서는 "네가 순서를 잘못 봤겠지. DOG였는데" 하셨다는 것입니다. 우스갯소리지만, 사실 우리도 QT를 그런 식으로 하기가 쉽습니다. 이처럼 단어 하나만 뽑아서 점치듯이 하면 곤란합니다. 문맥의 흐름을 무시해서는 안 됩니다.

제가 두 번째 묵상 방법에 대해 거듭 조심을 시키는 것은, 자꾸 그 방법으로만 QT를 하게 되면 자칫 "오늘 말씀은 나하고 아무 상관없는 말씀 같다"는 얘기가 나올 수도 있기 때문입니다. 하지만 나하고 상관없는 말씀은 없습니다. 점치듯이 말씀을 보기 때문에 분명한 '인도'가 아니면 말씀을 못 받았다고 생각하는 것입니다. QT를 통해서 우리는 하나님과의 풍성한 교제와 공급도 경험합니다. 그러는 가운데 하나님 경향이 강화된다면 이미 그 말씀은 나와 상관이 있는 것입니다. 어쨌든 두 번째 묵상 방법은 왜곡될 가능성이 도사리고 있으므로 항상 조심해서 사용해야 합니다.

PRESS 방법은 QT 전체를 위한 가이드이고, 묵상을 위한 가이드로 'SPACE 방법'이 있습니다. 도저히 묵상이 안 될 때, 기본적인 질문도 안 나오고 영적인 질문도 안 나올 때 사용하면 좋습니다.

S : Sins to confess (자백해야 할 죄)

P : Promises to claim (붙잡을 약속)

A : Actions to avoid (피해야 할 행동)

C : Commands to obey (순종해야 할 명령)

E : Examples to follow (따라야 할 모범)

‘SPACE 방법’은 이 다섯 가지 기준을 가지고 말씀을 묵상하는 하나의 묵상 방법입니다.

본문 가운데 ‘내가 고백해야 할 죄’를 지적하는 것은 없나 한 번 찾아보는 것입니다. 아니면 ‘내가 지금 붙잡아야 할 약속을 혹시 주신 게 없나’ 찾아보는 것입니다. ‘내가 피해야 할 행동을 어디 지시해 주신 것은 없나’, 혹은 ‘내가 순종해야 할 명령은 무엇인가’, 그리고 ‘내가 따라야 하는 모범적인 인물은 어디 없나, 오늘은 누가 모델인가’를 찾아보는 것입니다. 이런 식으로 해보는 것도 좋은 묵상 방법이 됩니다. 그러나 이 방법까지 다 쓰려고 하기보다는 앞에 제시한 첫 번째 방법을 사용하는 것이 가장 좋습니다.

또 QT는 꼭 책상 앞에서만 하는 것이 아니라 찬양 중이나 산책 중에도 이루어질 수 있습니다. QT의 범위는 한정되어 있지 않습니다.

# Part 5

적용을 잘하기 위해서는 먼저
자신의 삶을 매순간 생각하면서 사는 것이 중요합니다.
적용은 개인적이고 구체적이고 가능한 것이어야 합니다.

*quiet time for beautiful life*

# 적 용

QT를 하면서도 열매 맺지 못하는 이유 | 영적 설사 증상 | 순간순간 생각하며 사는 삶 | 하나님, 이 말씀을 왜 제게 주십니까? | 적용을 위한 구체적 가이드 | 적용의 3P | 적용할 때 주의할 점

# QT를 하면서도 열매 맺지 못하는 이유

QT를 오래 하다 보면 QT를 안 하는 사람을 정죄하거나, QT를 하면 사람은 무조건 변한다고 생각하기가 쉽습니다. 사람들은 자신이 무언가를 하면 그것이 절대가치가 되어서 그 잣대로 다른 사람들을 쉽게 판단해 버립니다. 물론 이런 QT 지상주의는 경계해야겠지만, 그리고 QT는 여러 경건 훈련 가운데 하나일 뿐 QT로 모든 일이 해결되는 것은 분명 아니지만, QT를 하면 사람이 변한다는 것은 사실입니다. 하나님과 동행하면 그 삶이 변해 갈 수밖에 없기 때문입니다. 그런데 제가 아는 사람 가운데 QT를 꽤 오래 했는데도 불구하고 하나님과 동행하는 삶의 모습이 잘 나타나지 않는 사람이 있었습니다. 제가 알기로는 그 정도 QT를 하면 하나님 경향이 말과 표정과 행동에 자연스럽게 드러나야 했습니다. 입만 열면 그저 QT를 얘기하고 하나님을 얘기하고, 하나님의 마음과 생각으로 충만한 말을 해야 하는데 그는 전혀 그렇지 않았습니다. 여전히 세상 염려는 그대로 다 짊어진 채, 자기중심적으로 살았습니다.

QT가 잘못 됐든지 이 사람이 잘못됐든지 둘 중 하나였습니다. 이 불가사의한 사람(?)을 잠시 연구해 본 결과 그의 QT 노트에서 이유의 실마리를 찾을 수 있었습니다. 그는 QT를 하면서 묵상까지는 잘해 놓고(잘했다고 볼 수도 없지만), 적용에서는 습관적이었습니다. '기도하는 마음으로 용서하며 살아야겠다', '하나님의 사랑으로 사람들을 대하자', '거룩한 마음을 가지고 살자', 이런 식의 적용들도 사실 문제가 많기는 하지만 그래도 그 정도까지는 좀 나은 편에 속했습니다. 더 많은 경우에는 '정직한 영을 새롭게 하옵소서', '주를 바라보며 살게 하옵소서', '샘솟는 내면을 가지고 살게 하옵소서', '본질에 충실한 삶을 살아야겠다' 등등 그 적용 자체를 가지고도 또 한 번의 묵상과 적용을 거쳐야 할 아주 난해하고도 습관적 적용을 매일매일 하는 것을 볼 수가 있었습니다. 결국 이 사람이 QT를 하면서도 열매를 맺지 못했던 이유는 적용의 실패에 있었습니다. 적용이 너무나 추상적이고 습관적이었던 것입니다. 말은 그럴듯하지만 그런 적용으로 무슨 삶에 변화가 있을 수 있겠습니까?

QT를 한다는 것은 이렇듯 만만치가 않습니다. 묵상도 힘들었지만 적용도 쉬어 보이지 않으니 '산 넘어 산이다'라는 생각이 들지요? 이제 적용에 관한 것을 잘 공부해서 QT에 마침표를 잘 찍을 수 있기를 바랍니다.

# 영적 설사 증상

'준비기도'는 식욕을 돋우는 것이고, '읽기'는 입에 음식을 넣는 것이고, '묵상'은 씹어서 맛보며 넘기는 것이라고 한다면, '적용'은 소화 흡수에 해당합니다. 그러므로 묵상까지는 잘 됐으나 '적용'이 안 된다면 이것은 QT에서 일종의 설사를 하는 것이라고 볼 수 있습니다. 소화 흡수가 안 되어 나타나는 영적 설사입니다. 좀 지저분한 이야기지만, 사람이 설사를 지속적으로 하게 되면 어떤 상태가 되는지 좀 더 알아봅시다. 영적 훈련을 위해 우선 육적인 것부터 살펴보는 것입니다.

① 우선 밥 먹을 재미가 없어진다. 먹는 것이 고통이다.

② 온몸에 힘이 없어진다. 눈이 퀭하니 들어간다.

③ 몸이 쇠약해지고 얼굴이 누렇게 뜬다.

④ 사는 재미가 없고, 죽지 못해 살게 된다.

⑤ 몸이 약해서 그런지 각종 질병이 나타나고 온통 아픈 곳뿐이다.

⑥ 그리고 결국은 죽는다.

이런 증상은 적용에 실패한 QT에서도 똑같이 나타납니다. 영적으로도 설사를 오래 하다 보면 이 같은 증상을 보이게 됩니다. 방금 언급한 여섯 가지 내용을 가지고, 적용을 하지 않는 QT(일종의 QT 설사)를 했을 때 나타나는 영적 증상으로 바꿔서 얘기해 봅시다.

① QT할 재미가 없어진다. 도대체 아침마다 QT하자니 고통이다.

다른 이유도 있겠지만 적용을 계속 잘못하면 이런 증상이 나타납니다.

② 영적 파워를 잃어버린다.

이런 사람의 언어나 표정에서는 영적인 능력을 전혀 찾아볼 수가 없습니다. 그 사람의 말을 듣고 누가 변화되거나 감동 받는 일이 없습니다.

③ 결국 신앙생활하는 재미도 잃고 영적 능력도 없어서, QT하는 사람인지 아닌지 모를 단계까지 간다.

④ 기도할 재미도 안 나고 성경 읽을 재미도 안 나고, 교회에 마지못해 나온다.

그저 주일날 시간만 채우러 교회에 나온다는 것입니다.

⑤ 시험에 너무나 잘 든다.

요즘 부흥사들이 말하는 대로 '섭섭 마귀'가 들어가서, 이것도 섭섭하고 저것도 섭섭하고 주변이 온통 섭섭하고 토라질 일들 투성이가 됩니다. '내가 교회를 잘 안 나가니까', '헌금을 못하니까' 왠지 일이 잘 안 풀리는 것 같기도 합니다. 또 웬 이단들의 현혹이 그렇게 끊이지 않는지 모릅니다. 어떤 분은 TV에서 외계인 시신 해부 장면을 보고는 우주에도 사람이 사는 거니까 성경이 틀린 것 아니냐고 따지기도 합니다. 어떻게 그렇게 잘 주워듣는지, 사소한 얘기 하나만 듣고도 신앙이 흔들립니다. 이것이 바로 영적 파워가 떨어져서 나타나는 현상입니다.

⑥ 그리고 결국은 영적으로 죽어 버린다. 신앙생활을 못한다.

적용을 못해서 계속 QT 설사를 하게 되면, 다른 경건 훈련으로 보충이 되지 않는 이상, QT 자체만 놓고 볼 때 영적으로 무너진 상태가 되고 맙니다. 영적 설사를 몇 번 하고 나면, 아무리 잘 믿던 사람이라 해도 이상한 길로 빠지는 것은 한순간입니다. 누구든 영적인 면에서는 늘 마음을 놓지 말고 조심해야 합니다.

quiet time for beautiful life

# 순간순간 생각하며 사는 삶

적용을 잘하기 위해서는 먼저 자신의 삶을 매순간 생각하면서 사는 것이 중요합니다. 하루를 돌아볼 때 그날 무엇을 하고 살았는지 전혀 기억이 없는 사람도 있습니다. 되는 대로 살아간다고나 할까요? 이런 경우에는 '적용'이 어렵습니다. 어제 하루 살았던 내용을 생각해 보십시오. 어제 내가 무슨 일을 했으며, 누구를 만나고, 무슨 생각을 했는지, 그리고 어떤 느낌이 들었고, 어떤 의문들이 생겼는지 등을 말입니다.

우리는 생각하며 살아야 합니다. 사실 바로 어제 일인데도 불구하고 힘들여 생각하기 전에는 기억이 없지요? '내가 뭐 했더라' 힘들여 생각하기 전에는 기억이 없을 정도로 대충 살아가고 있는 것입니다. 물론 주말이나 특별한 날은 그래도 기억을 하지만 월요일부터 금요일까지는 무슨 일이 있었는지 거의 기억을 못한 채 살아갑니다.

바로 이렇게 살아가기 때문에 QT가 안 되는 것입니다. 적용을 잘하기 위해서는 먼저 자신의 삶의 매순간을 생각하면서 사는 것이 중요합니다. 무슨 일을 할 때마다 생각하면서 살아야 합니다. 영화를 봐도 생각하면서 보고, 심지어는 사람들과 부딪혀도 생각하면서 부딪혀야 합니다. 그러면 QT의 적용이 살아나게 됩니다.

예를 들어 제가 빨래를 한다고 가정해 봅시다. 세탁기에 옷가지들을 집어넣고 빨래를 합니다. 그런데 세탁이라는 것이 물과 세제가 고루 섞여야 가능해지는 일입니다. 바로 이 현상을 보며, '세제가 때를 빼는 거냐? 물이 때를 빼는 거냐? 아니면 조화되어 그렇게 되는 거냐?' 하는 궁금증이 생길 수 있습니다. 가만히 생각해 보면, 세제 자체는 때를 빼는 것이 아니라 때가 빠질 수 있도록 부추기는 역할을 합니다. 광고를 보면 그것을 알 수 있습니다. 물살이 돌아가면서 그 때를 분리해서 제거해 버리고 또 새물로 헹구면서 빨래가 되는 겁니다. 이것을 보면서 '결국 죄도 마찬가지겠다. 내가 깨끗해지려면 그 죄와 내가 서로 붙어 있는 것이 분리가 되는 일이 먼저이겠구나. 그렇게 죄를 분리시키는 것이 말씀이고 영적인 훈련이겠구나' 하는 생각을 해보는 것입니다. 바로 그것이 QT입니다. 빨래 하나를 하면서도 생각을 하는 것입니다.

사람을 만날 때도 마찬가지입니다. 어떤 사람을 만날 때 그냥 대충대충 만나고 마는 것이 아니라 그 사람의 특징과 표정 같은 것을 관찰하고 생각하며 만나는 것입니다. 그러면 그런 것들이 모두 나중에 적용을 잘할 수 있는 토대가 됩니다.

어떤 사람과 밥을 먹으러 식당에 가서 그 사람은 냉면을 시키고 나는 불고기 덮밥을 시켰다면, '그 사람이 냉면을 시켰구나'로 끝내는 것이 아니라 '그 사람은 왜 냉면을 시켰을까?'를 한번 생각해 보는 것입니다. 또 '나는 왜 불고기 덮밥을 시켰을까?' 생각해 보는 것입니다.

그 외에도 누군가와 갈등했던 일, 싸웠던 일, 분노의 감정은 오래 품는 것이 좋지 않지만, 그것이 가지고 있는 영적 의미를 한번 생각해 봐야 합니다. 그렇게 할 때 바로 적용을 위한 하나의 도구가 마련되는 것입니다.

quiet time for beautiful life

# 하나님, 이 말씀을 왜 제게 주십니까?

QT는 일종의 제사입니다. 그런데 제사를 드리기 위해서 한 사람이 나아갈 때 그가 해야 하는 일은 무엇입니까? 레위기 1장 4-5절 말씀을 보십시오. 사람이 하나님 앞에 제사를 드리러 나갈 때는 절대로 그냥 나갈 수가 없었습니다.

"그가 번제물의 머리에 안수할찌니 그리하면 열납되어 그를 위하여 속죄가 될 것이라 그는 여호와 앞에서 그 수송아지를 잡을 것이요 아론의 자손 제사장들은 그 피를 가져다가 회막 문앞 단 사면에 뿌릴 것이며."

어떤 사람이 하나님께 제사를 드리려면 먼저 자기가 드린 제물의 머리에 안수를 하게 되어 있었습니다. 안수한 후에는 그 제물을 잡게 되는데, 제사 드리는 사람은 바로 거기까지만 할 수 있고 그 다음 일은 못했습니다. 제물을 태우고 피를 뿌리는 모든 일은 중보자인 제사장이 하게 되어 있습니다.

그런데 여기서 제물의 머리에 안수를 한다는 것은 무엇을 의

미합니까? 그것은 바로 이 제물과 내가 똑같아진다는 것을 말합니다. '안수'란 자신을 그 제물과 동일시하는 일입니다. 이는 하나님 앞에 제사를 드릴 때는 내 삶을 다 그분 앞에 펼쳐 놓아야 한다는 것을 뜻합니다. 자기 삶이 하나님 앞에서 펼쳐지지 않는 제사는 제사가 아닙니다. 자기는 싹 빠지고 제물만 하나 갖다 드리면 그 제물은 아무 의미가 없습니다. 제물의 머리에 안수하면서 자신의 죄악, 갈등, 생각 등 모든 것이 다 펼쳐져야 비로소 진정한 제사가 되는 것입니다.

QT도 마찬가지입니다. QT의 기능 가운데 하나가 회막 기능입니다. 하나님과 교제하는 것입니다. 그렇다고 한다면 QT할 때 하나님 앞에 내 삶을 다 펼쳐 놓는 것은 당연한 일 아니겠습니까? 바로 그 펼치는 일이 적용입니다. 그리고 적용을 할 때는 "하나님, 이 말씀을 왜 제게 주십니까?" 하면서, 오늘 말씀을 주신 하나님의 뜻이 무엇인지를 묻는 질문을 해야 합니다. PRESS 방법 가운데서 적용에 해당하는 것이 네 번째 S인 'Say back to God'(주신 말씀을 가지고 다시 기도하십시오)였습니다. QT할 때 말씀을 받고 나서 "하나님, 왜 이 말씀을 제게 주셨습니까?" 하고 또 다시 물으면서 자기의 삶의 내용을 펼쳐 보이는 것이 바로 'Say back to God'입니다.

말씀을 읽고 묵상하면서 통찰을 얻는 것은 우리의 영역이라고 하기가 어렵습니다. 우리는 그저 주시는 대로 받을 뿐입니다.

하나님이 주시지 않으면 묵상이 안 되는 것입니다. 다만 말씀 앞에 우리 삶을 펼쳐 놓는 적용이야말로 어쩌면 QT하면서 우리가 할 수 있는 가장 큰 일이라는 생각이 듭니다.

그러나 그럼에도 불구하고 우리가 하는 이 일조차 성령님의 도움 없이는 할 수 없습니다. 적용을 위한 기도를 드려야 하는 이유가 바로 여기에 있습니다.

QT는 처음부터 끝까지 성령의 인도를 구합니다. 준비기도 할 때부터 성령의 인도를 구해서 적용까지 와서도 마찬가지입니다. 성령의 도우심을 구하지 않는 적용은 있을 수 없습니다. 그래서 적용을 위한 기도를 드려야 합니다.

사람들이 QT에 실패하는 이유는 묵상은 오래하고 적용은 짧게 하기 때문입니다. 하지만 적용에도 묵상만큼의 시간을 보내야 합니다. 탁 떠오르는 것만 적용하지 말고, 어제 하루 일을 쭉 돌이켜 보며 적용할 거리를 적극적으로 찾아야 합니다. 묵상할 때만큼 열심히 찾아야 합니다. 묵상할 때 "하나님, 이 말씀이 무슨 뜻입니까?"라고 여쭈었던 것처럼 적용할 때도 "하나님, 왜 이 말씀을 제게 주셨습니까?"라고 여쭈어야 합니다.

물론 그런 질문을 하기 전에 바로 답이 떠오르는 경우도 있지만, 잘 모르겠거나 적용을 직관적으로 했으나 뭔가 개운하지 않다면 다시 하나님께 여쭐 수 있습니다. 엉뚱한 쪽으로 가지 않도록 하나님께 자꾸 여쭈어야 합니다.

적용을 잘못할 가능성은 항상 있습니다. 우리가 굉장히 잘못된 속임 가운데 살아가고 있기 때문입니다. 그래서 적용을 잘하기 위한 가이드가 필요합니다.

quiet time for beautiful life

# 적용을 위한 구체적 가이드

**첫째, 적용에는 어제의 삶에 대한 회개가 포함됩니다.**

이것은 QT할 때 제일 많이 하게 되는 적용의 내용이기도 합니다. "너 어제 이랬지" 하는 하나님의 지적을 듣는 것입니다.

한번은 제가 QT를 하는데 역대기에 제사장들의 자녀들이 타락한 얘기가 나왔습니다. 그때 저는 "어떻게 제사장의 자녀가 타락할 수 있는가?" 하는 질문을 하게 되었고, "결국 제사장이 자녀들에게 영적인 모습을 보여 주지 못했기 때문에 그렇다"는 통찰을 얻게 되었습니다. 그날 받은 말씀이었던 것입니다. 그리고 바로 저는 Say back to God를 했습니다. "하나님, 왜 이 말씀을 제게 주십니까?" 그러자 하나님께서는 제게 지적하시기를 "어제 네가 한 일을 생각해 봐라"라고 하셨습니다.

그때 제 머리를 스치는 한 사건이 있었습니다. 제 아이가 아주 어릴 때의 이야기입니다. 아빠가 집에 돌아오면 굉장히 좋아하던 때였습니다. 주일 저녁 제가 나갔다 와서 옷을 갈아입고 있

는데 아이가 제 곁에 왔습니다. 그때 저는 목 부분에 줄이 묶여 있는 추리닝을 입고 있었습니다. 멋있으라고 달아 놓은 줄이었는데 그것을 잡아당기면 목이 조이게 되어 있었습니다. 그런데 아들 녀석은 그게 재미있어 보였는지, 아빠한테 반갑다는 것도 표시할 겸 해서 제 목의 줄을 자꾸 잡아당기는 것이었습니다. 저는 그런 장난을 굉장히 싫어해서 "그러지 말라"고 타일렀습니다. 그런데 또 잡아당기는 것이었습니다. 그래서 다시 주의를 주었습니다.

하지만 조금 있다가 또 그러는 것이었습니다. 마침내 저는 화가 머리끝까지 치밀어서 아이를 밀치며 옷을 벗어 바닥에 던지고, "신경질 나서 못살겠네! 하지 말라니까 왜 그래!" 하면서 소리를 버럭 질렀습니다. 그러자 옆에서 보고 있던 아내가 "아니, 목사가 왜 저래?" 하는 것이었습니다. 그 순간 뜨끔했지만, 무안한 나머지 저는 "무슨 소리야! 당신은 말이지 내가 왔으면 쉬게 해야지 애를 통해서 이러면 돼?" 하면서 고함을 있는 대로 질러 댔습니다. 그러고는 그냥 넘어갔던 것입니다.

그런데 하나님이 그 일을 그냥 넘기실 리가 없었습니다. 제가 역대기를 QT할 때 지적하신 게 바로 그 일이었습니다. 물론 그날 제가 생명의 위협(?)을 느낄 만큼 굉장히 목이 졸렸던 것은 사실이었습니다. 그러나 아무리 그렇다 쳐도 저는 아이에게 큰 잘못을 한 것이었습니다. 하나님께서는 이렇게 지적해 주셨습니다.

"주일날 네 아들이 장난 좀 심하게 쳤다고 해서 그렇게까지 화를 낼 필요는 없었지 않니? 옷을 벗어 집어 던지고 있는 네 모습을 볼 때 그 아이가 과연 예수를 믿겠니?" 저는 "하나님, 잘못했습니다" 하고 당장 깊이 회개했습니다.

이런 식으로 QT할 때는 적용에 회개가 포함되어야 합니다. 하지만 회개만 너무 많이 해서도 안 됩니다. 우리나라 사람들은 한이 많고 겸손한 민족이라 적용하는 내내 계속 회개만 하는 사람도 많습니다. 그러나 그렇지 않습니다. 적용에는 회개만 있는 것이 아닙니다.

**둘째, 적용에는 지금 나에 대한 하나님의 세워줌(Strengthening)이 포함됩니다.**

이것은 하나님의 격려입니다. "넌 괜찮아. 넌 정말 훌륭해" 하는 격려입니다. 앞에서도 다뤘지만, "모세가 준수하더라"는 말씀을 QT할 때 하나님께서는 "너도 준수하다. 너도 괜찮아" 하면서 제 자아를 세워 주셨습니다. 이런 것도 적용입니다. 적용하면서 나에 대한 하나님의 세워 주심을 분명히 경험하는 것도 아주 중요합니다. 신앙생활에서 회개만 계속하는 것도 건강하지 않은 모습입니다. 회개만 너무 많이 해도 QT에 실패할 수 있습니다.

하나님이 세워 주시고 격려해 주실 때는 주로 약속을 주십니다. 그 약속이 우리에게는 위로가 됩니다. 저는 "여호와께서 가라사대 그날에 내가 응하리라 나는 하늘에 응하고 하늘은 땅에 응하고 땅은 곡식과 포도주와 기름에 응하고 또 이것들은 이스르엘에 응하리라"(호 2:21-22)는 말씀을 QT하면서 축복이 하늘에서부터 우리에게 임하리라는 말씀을 받았던 적이 있습니다. 그때 저는 "왜 내게 이런 말씀을 주십니까?" 하고 여쭈어 보았습니다. 사실 당시에 저는 LA 목회 초기라서 정신이 하나도 없었습니다. 바로 그럴 때, 이곳에 하나님이 은혜를 부으실 것이고, 그것이 예배와 감격과 영적인 아름다움으로 나타날 것이라는 약속을 주신 것입니다. 그것은 제게 너무도 큰 격려였습니다. 우리가 힘들 때는 정말 하나님의 격려가 필요합니다.

**셋째, 적용에는 오늘 살아갈 내 삶에 대한 하나님의 구체적인 지시가 포함됩니다.**

이것은 하나님의 인도입니다. 제가 '어떻게 해야 할지', '이것을 해야 하는지, 말아야 하는지', '계속 기다려야 하는지' 등으로 갈등하고 있을 때, 하나님께서는 QT를 통해 "때가 차서 경륜의 때가 되면 그분의 방법으로 역사하신다"는 메시지를 주셨습니다. 그래서 그런 말씀을 왜 주시는지 묻자 하나님은 "그러니까 조급해 하지 말고 때를 기다리라"고 말씀하셨습니다. 그것은 그 당시 제 삶에 대한 구체적인 지시였습니다.

quiet time for beautiful life

# 적용의 3P

'회개', '세워 줌', '지시', 이 세 가지 영역의 적용을 할 때 참조해야 할 세부적인 원리들이 있는데, 이것을 흔히 '적용의 3P'라고 부릅니다.

**첫째, 적용은 개인적(Personal)이어야 합니다.**

이 말이 의미하는 바는 무엇입니까? 또한 개인적이지 못한 적용은 어떤 것일까요?

요한복음 4장 7-30절에 나오는 수가 성 여인과 예수님의 만남 이야기를 보면, 수가 성 여인이 사용하는 주어(主語)가 중간에 변하고 있으며, 동시에 이야기의 주제도 변하고 있음을 알 수 있습니다. 이 이야기를 제 식으로 한번 재구성해 보겠습니다.

예수님께서 예루살렘을 떠나 갈릴리로 가실 때 사마리아를 통과하기로 작정하셨습니다. 아마 이 여인을 만날 것을 생각하셨

는지 여하튼 행로에 곤하여 사마리아에 있는 수가라는 성의 한 우물가에 가서 앉아 계셨습니다. 제자들은 이제 먹을 것을 구하러 나갔습니다.

그런데 열두 시쯤 됐을 때 갑자기 한 사마리아 여자 나타났습니다. 이 여자가 물을 긷고 있는 것을 볼 때 주님 마음속에 그 여인에 대한 어떤 긍휼함과 그 여인을 구원해야겠다는 메시아로서의 생각이 들었을 것입니다. 그래서 주님은 그 여자한테 "물 좀 달라"고 하셨습니다. 아마 이 여자는 눈을 내리깔고는 "유대 남자인 당신이 어떻게 사마리아 여자인 나한테 물을 달라고 합니까?" 하고 대답하면서, 속으로는 '어떤 놈팽이가 하나 걸렸군. 웃기고 있네' 하고 반응했을 것입니다. 그에 대해 주님은 "너한테 물 달라 한 사람이 누군 줄 알았으면 네가 그 사람한테 물을 달라 했을 것이다"라고 하셨습니다.

그때 이 여자는 예수님을 쳐다보면서 '어쭈, 조금 다르게 노네' 하고 생각했을 것입니다. 그러고는 우리 식으로 말하면 껌을 질겅질겅 씹어 가면서, "당신은 두레박도 없고 아무것도 없는데 어떻게 물을 줄 수 있겠소? 이 물은 야곱이 우리한테 준 것인데 당신이 야곱보다 큰 자요?" 하며 빈정댔습니다. 그런 태도에도 예수님은 "이 물을 먹는 자는 다시 목마르지만 내가 주는 물을 먹는 자는 영원히 목마르지 아니하리니 내가 주는 물은 그 속에서 영생하도록 솟아나는 샘물이 될 것이다"라는 깊은 말씀을 하셨습니다.

예수님이 점점 알 수 없는 소리만 하니까 여자는 아니꼽다는 듯 "그럼 좀 주세요. 내가 물 좀 길러 나오지 않게. 내가 그 물을 가지면 생전 물 안 길러 나와도 되겠군요" 하며 계속해서 예수님을 비꼬았습니다. '이거 그냥은 안 되겠구나' 싶으셨는지 예수께서는 갑자기 그 여인의 삶의 한복판에 있는, 남에게 이야기하고 싶지 않는 아주 깊숙한 문제를 건드리셨습니다. "가서 네 남편을 불러와라." 그런데 이 여자는 "난 남편이 없다"며 딱 잡아뗍니다. 예수님이 "네게 남편이 다섯이 있었으나 지금 있는 자도 네 남편이 아니니 네 말이 옳도다"라고 지적하시자 마침내 이 여자는 놀라서 "내가 보니 당신은 선지자로소이다" 하면서 태도를 싹 바꿉니다.

이때까지 이 여자가 사용했던 주어는 무엇이었습니까? '나', '내 문제', 이것이 주어였습니다. 그랬는데 20절을 넘어가면서 갑자기 주어가 '우리'로 바뀌어서 "우리 조상들은 이 산(세겜 옆에 있는 그리심 산)에서 예배하였으나 당신들의 말은 예배할 곳이 예루살렘에 있다 하더이다"라고 합니다. 이것은 주전 200-300년부터 사마리아 사람들이 '사마리아 정교'라는 것을 만든 이후부터 계속되었던 싸움을 가리킵니다.

포로 귀환 후 유대인들은 성전을 복원했습니다. 그래서 에스라, 느헤미야 이후에 성전 중심으로 더욱 강하게 뭉친 유대들은 아주 전통적인 신앙을 갖게 됩니다. 이것을 지켜보던 사마리아 사람들이 유대인에게 "우리도 같이 예배드리자"고 했지만, 유대인들은 "너희들은 혼혈이라서 안 된다. 너희는 이방인들과 똑같다"며 거절해 버립니다. 화가 난 사마리아 사람들은 그리심 산에 성전을 세우고 "그리심 산이 진짜다"라고 주장합니다. 왜냐하면 예루살렘이 예배처가 된 것은 솔로몬이 거기에 성전을 세우고 난 후였기 때문입니다. 아니, 좀 더 거슬러 올라간다 하더라도 다윗의 법궤가 들어간 다음의 일이었기 때문입니다. 하지만 그리심 산은 이스라엘이 출애굽 한 후 여호수아 때부터 축복의 산이었던 것입니다.

사마리아인들이 그렇게 나오자 예루살렘 쪽에서도 화가 날 대로 났습니다. '감히 예루살렘을 공격하다니' 하면서, "웃기지 마라. 바로 예루살렘 성전이 있는 자리가 아브라함이 이삭을 드렸던 곳이다"라고 맞받아쳤습니다. 아주 끝까지 거슬러 올라간 것입니다. 그러자 그리심 산 쪽에서는 "그렇지 않다. 아브라함이 이삭을 바쳤던 곳은 그리심 산이었다. 즉 모리아 산은 그리심 산이었다" 하고 논박했습니다.

이런 아주 해묵은 논쟁이 있었던 것인데, 이 여자는 그 논쟁을 끌어들였고, 그러면서 이야기의 주제가 바뀐 것입니다. 주어도 '나'에서 '우리'로 바뀌었고, 이야기의 주제도 물 길러오는 이야기, 남편 이야기, 가정사 등 구체적인 자기 이야기에서 사마리아 민족 대 유대 민족의 전통적인 논쟁으로 바뀌었습니다.

그러면 여자가 이렇게 주제를 옮긴 이유가 무엇이었겠습니까? 바로 예수께서 날카롭게 그 여인의 개인사를 지적했기 때문입니다. "가서 네 남편을 불러와라"고 하자 놀란 여자가 자신의 치부를 가리기 위해 주제를 바꾼 것이 아니었겠습니까? 그러나 결국 끝없이 추적하시는 주님의 집념 때문에 그 여자는 항복을 하고 맙니다. 이 여인이 변한 것은 무엇 때문이었습니까? 예수님이 예루살렘과 사마리아 사이의 예배 논쟁을 해결해 줬기 때문이었습니까? 29절을 보면 그 여인은 동네 사람들에게 "나의 행한 모든 일을 내게 말한 사람을 와 보라 이는 그리스도가 아니냐"며 외치고 있습니다. 즉 이 여자가 변한 것은 자기 삶의 모든 문제를 날카롭게 지적해 준 바로 그 예수님의 구체적인 지적 때문이었다는 얘기입니다. 이것이 적용의 모습입니다.

적용은 개인적이어야 합니다. 적용이 개인적이지 못하다는 것은 단체적 적용이라는 말입니다. '우리'나 '인간', 혹은 '우리 성도'라는 대상을 향해 적용하는 것입니다. 그러나 QT는 하나님과 나와의 일대일 만남이므로 적용은 '나'에게 해야 합니다. 이 말씀을 아내가 좀 들었으면 좋겠다든지, 남편이 들었으면 좋겠다든지, 아니면 자녀가 들었으면 좋겠다든지 하면서 다른 사람을 자꾸 들먹여서는 안 됩니다. 혹시 이렇게 적용할 수는 있습니다.

"이 말씀이 제게 주신 말씀인 걸로 믿습니다. 제가 이 말씀을 가지고 그에게 가서 이렇게 권면하라고 주신 줄로 믿습니다." 그러면 그것은 개인적인 적용이 되는 것입니다. 하지만 그렇다 해도 '우리'나 '남', '인간'에게 적용하는 것은 하나님이 원하시는 바가 아닙니다. QT하다가 다른 사람을 정죄하고 판단하는 쪽으로 결론이 났을 때는 다시 하나님께 여쭈어 보아야 합니다. 그러면 내 밑바닥에 숨은 추악함을 깨닫게 하실 것입니다.

**둘째, 적용은 구체적(Practical)이어야 합니다.**

구체적이지 못한 적용에는 어떤 것들이 있습니까? 구체적이지 못한 적용은 추상적인 것, 관념적인 것입니다. 이 과의 도입 부분에서 언급했지만, '내 안에 정직한 영을 새롭게 하소서', '정한 마음을 창조하옵소서' 하는 식의 적용이 바로 추상적이고 관념적인 적용입니다. 구체적인 듯 보이나 추상적입니다. 이런 것들은 좋은 적용이 아닙니다.

너무 일반적인 적용도 문제입니다. '기도하며 살아야겠다', '말씀 보며 살아야겠다', '예배하는 자세로 살겠다', '정직하자' 등이 일반적인 적용입니다.

구체적 적용은 '내가 오늘 어떤 일에 어떻게' 하는 부분까지 짚어 보는 적용입니다. 하나님의 지적을 듣고 어떤 사람에게 가서 사과하기로 하는 것입니다. 혹은 하나님이 내 상처와 열등감을 치료하고 계심을 느끼며 내가 지금 하나님의 은혜를 경험하고 있다는 지지와 격려를 받는 것입니다. 아니면 "내가 지금 이 문제를 결정해야 하는데 하나님은 이렇게 말씀하시는군요" 하면서 하나님의 인도를 받는 것입니다.

QT가 구체적이라는 것은 '언제, 어디서, 누구에게' 하는 세세한 부분까지도 다 하나님께 묻는 것을 말합니다. "너희 관용을 모든 사람에게 알게 하라"는 말씀을 받았으면 그 '모든 사람'이 나에게는 누구를 뜻하며, 또 그 관용을 어떻게 베풀라는 것인지 하나하나 다 하나님께 여쭙는 것입니다.

**셋째, 적용은 가능한(Possible) 것이어야 합니다.**

가능한 적용은 오늘 내가 지금 당장 행동으로 옮길 수 있는 적용을 말합니다. QT를 했음에도 불구하고 오늘 하루 내게 전혀 변화가 일어날 수 없다면 그것은 불가능한 적용을 했기 때문입니다.

예를 들어 "늘 기도하는 마음으로 살게 하옵소서" 하는 것은 불가능한 적용입니다. "무조건 사랑하게 하옵소서"도 역시 불가능한 적용입니다. '죽을 때까지 기도하며 살겠다'며 하루 QT에 인생을 거는 사람도 있습니다. 오늘 하루 몸을 움직여 정말 행할 수 있는 분량이 바로 가능한 적용입니다. '자녀를 격동시키는 말을 절대로 하지 않겠다'는 적용은 불가능하다 할 수 있습니다. '절대로'가 들어가는 식의 완벽주의적인 적용은 불가능한 적용입니다. 마귀가 우리를 공격하는 방법은 하나님을 거역하게 하는 전략보다는 그 반대로 갈 때가 훨씬 많습니다. 우리에게 헌신하라고 하고 기도하라고 합니다. 그런데 우리가 할 수 없는 목표를 정하게 부추깁니다. 우리 속에서 우리가 도저히 해결할 수 없는 어떤 완벽주의적인 목표를 떠오르게 하고 그것을 적용하도록 유혹합니다. '다시는 분노하지 않겠다', '한순간도 거짓을 말하지 말자'고 적용하게 합니다. 그리하여 좌절감을 맛보게 만듭니다. 그러면 늘 실패할 수밖에 없고 적용에서 멀어져 갈 수밖에 없습니다. 삶이 변하지 않습니다. 그러므로 우리는 적용할 때도 비둘기처럼 순결하되 뱀처럼 지혜로워야 합니다.

# 적용할 때 주의할 점

**첫째, 이기적이고 자기를 합리화하는 적용은 피하십시오.**

자기를 정당화시키기 위한 이기적인 적용은 피하라는 것입니다. 그런 적용으로는 QT가 안 됩니다. 오늘 말씀에 벽을 쌓는다는 얘기가 나왔다고 해서 그것을 껄끄러운 사람에게 마음 문을 닫으라는 계시로 적용한다면, 그것은 하나님의 속성과 어긋나므로 잘못된 적용입니다. 죄를 짓고도 회개하려 하지 않고, 용서하시는 사랑의 하나님만 말씀에서 찾아내어 자기 죄를 덮으려 하는 것도 이기적인 적용입니다. 분명히 기억하십시오. 하나님은 죄를 고백하고 그 죄를 끊을 때 용서하시는 분입니다.

**둘째, 습관적으로 가슴을 치는 식의 반복적인 자책성 적용은 피하십시오.**

자신의 죄를 회개는 하되, '나는 왜 매일 이럴까. 나는 왜 매일 기도하지 못할까. 이 본문의 이 악한 자는 바로 나야' 하면서 너

무 자책하는 적용은 피해야 합니다.

습관적으로 가슴을 쳐서 가슴에 멍만 들게 하는 적용은 그야말로 습관일 뿐입니다. 엄청나게 자기를 자학하면서도 그 시간이 지나고 나면 '내가 언제 그랬나' 하고 까맣게 잊어버리는 경우도 있으니 말입니다.

흔히 버림받은 마음이 있는 사람들에게는 자기를 책망하는 것이 오히려 편한 법입니다. 그런 사람들은 그 많은 격려의 말씀은 지나쳐 버리고, 꼭 하나 지적하시는 말씀을 찾아내서 자신을 괴롭힙니다. 적용이 매일 자책이 된다면 잘못 가고 있는 것입니다. 빨리 거기서 벗어나야 합니다. 그냥 놔두면 계속 그쪽으로 가게 됩니다. 그래서 저는 지적하는 말씀만 자꾸 보일 때는 이것 말고 하나님의 격려는 없을까 한번 찾아봅니다. 자책도 습관이 되면 중독이 되어 자꾸 그래야만 속이 시원해집니다. 습관성 자책은 막아야 합니다. 하나님이 원하시는 뜻이 아니라 나의 악한 습성이기 때문입니다.

물론 회개는 해야 합니다. 그러나 우리는 하나님께 격려도 받고 위로도 받아야 살 수 있는 존재입니다.

**셋째, 적용은 하나님의 말씀이 나의 삶과 부딪히는 실제적인 영적 사건임을 기억하십시오.**

적용 앞에서 진지합시다. 적용해 놓고 까맣게 잊어버려서는 안 됩니다. 그건 정말 문제가 있습니다. 분명히 기억해야 합니다. 우리는 하나님 앞에서 적용해야 합니다.

적용이 끝나자마자 잊어버리는 사람들은 하나님한테 맞을 때만 아파하는 척하고, 돌아서서는 원래대로 사는 그런 모습의 사람입니다.

물론 QT할 때마다 매번 적용이 일어나지는 않습니다. 그것은 불가능합니다. 저의 경우도 그렇습니다. 만약 매번 적용이 일어난다면 정신병자가 되든지 성자가 될 것입니다.

그러나 그러한 적용을 향해 노력하며 계속 나아가야 한다는 것은 분명합니다. 며칠에 한 번이나 한 달에 한 번 적용이 일어난다 해도 말입니다. 만약 적용할 때 떠오르는 것이 전혀 없으면, "하나님, 오늘 살면서 이 말씀을 적용할 일이 있을 거라고 믿습니다. 그때 이 말씀이 기억나게 하옵소서"라고 기도하면 됩니다.

# Part 6

나눔은 QT를 더 잘하기 위한 일종의 운동입니다.
나눔은 QT하는 마음으로 하루를 살며
변화된 자신의 삶을 다른 사람들에게 간증하여
그들을 영적으로 도와주는 단계까지 나아가는 것입니다.

*quiet time for beautiful life*

# 나 눔

나눔의 유익 | 나눔의 제1단계 | 나눔의 제2단계 | 나눔의 제3단계 | 나눔의 제4단계 | 마무리하며

quiet time for beautiful life

# 나눔의 유익

일단 적용까지 하고 나면 QT는 끝난 것입니다. 정확히 말해서 혼자 하는 QT는 끝났습니다. 이제 다른 사람들과 QT를 나누어야 합니다. QT를 하는 가운데 하나님께서 내게 무엇이라고 말씀하셨고, 그 말씀을 통해 내가 어떻게 변했는지를 사람들에게 말하는 것이 QT 나눔입니다.

이렇게 나눔을 하고 나면 어떤 유익이 있습니까? 우선 QT가 자신을 변화시켜 하나님의 자녀로서 합당하게 '하나님 경향'으로 살아가도록 이끌어 준 것을 실감하게 됩니다. QT하는 동안에는 느끼지 못하지만, 사람들과 나누기 시작하면 내가 지금 QT를 통해 변하고 있다는 것을 스스로 발견하게 됩니다. 그리고 큰 은혜를 받습니다. 사람은 남의 이야기를 들을 때보다 자기가 하는 자기 이야기를 들을 때 더 큰 은혜를 받습니다. 다른 사람 얘기는 듣다 보면 자꾸 잊어버리기도 하고 건너뛰기도 하지만, 본인 이야기는 온전히 기억 속에 들어 있기 때문입니다.

'나눔'(Sharing)은 QT를 더 잘하기 위한 일종의 운동(Exercise)에 해당합니다. 음식을 먹고 소화 흡수까지는 했는데 운동을 하지 않는다면 그 먹은 것이 도리어 몸에 해로울 수도 있습니다. 비만, 당뇨 같은 질병에 걸릴 확률이 높아집니다. 그리고 식욕을 잃을 수도 있습니다. 먹기만 하고 가만히 앉아 있는데 또 먹고 싶겠습니까? 먹고 운동하지 않으면 이런저런 문제가 생깁니다.

그러나 먹은 후에 적당한 운동을 한다면 몸도 건강해지고 식욕도 왕성해집니다. 이와 마찬가지로 나눔을 잘하면 QT를 지속할 수 있을 뿐더러 아주 건강하고 힘 있는 영적 상태를 유지하게 됩니다.

제가 QT를 가르쳤던 한 학생의 말이 생각납니다.

"목사님, 저는 QT가 너무 하고 싶어서 밤에 잠이 안 옵니다. 제가 지금 대학부에서 조장을 맡고 있는데, QT할 때 받은 것을 가지고 후배들을 만나거나 사람들과 나누다 보면 그들이 너무도 감동받는 것을 보게 됩니다. 다들 제 말로 듣는 것이 아니라 하나님의 말씀으로 받기 때문에 굉장히 힘을 얻습니다. 그러니 QT할 때마다 하나님과 같이 있다는 게 어찌나 실감이 나는지 모릅니다. '오늘은 또 어떤 말씀으로 나를 하나님의 사람으로 무장시켜 주실까' 하는 기대감에 QT를 아침마다 계속 하고 싶어집니다."

나눔을 잘했을 때 어떤 현상이 나타날 수 있는지 생생하게 보여 주는 고백입니다. 나눔의 유익이 잘 드러난 사례라 할 수 있겠습니다.

그런데 '나눔'은 단순히 어떤 한 가지 행동을 지칭하는 말이 아니라 다음의 네 단계로 구분이 됩니다.

quiet time for beautiful life

# 나눔의 제 1단계

나눔의 제 1단계는 QT하는 마음으로 하루를 사는 것입니다. 이것을 다른 말로 바꾼다면 'QT Spirit(정신)으로 하루를 산다'고 할 수 있습니다. QT를 끝내고 일상생활을 하면서도 나에게 주신 말씀을 계속 떠올리며 하루를 사는 것을 의미합니다. 바로 이것이 나눔의 첫 출발입니다. 대개의 경우 나눔을, 사람들하고 만나서 "오늘 무슨 말씀 받았어?" 하고 물어 보는 일이라고만 생각합니다. 그러나 진짜 나눔은 'QT하는 Spirit으로 하루 종일 사는 것'입니다.

얼마 전에 출애굽기를 QT하는데 하나님께서 이런 말씀을 주셨습니다. 이스라엘 백성들이 원망하는데도 만나를 주신 것은 바로 이 모든 일을 하는 분이 하나님이시기 때문이라는 것이었습니다. 이 말씀이 그날 하루 종일 제 머릿속에서 떠나질 않았습니다. 무슨 어려운 일을 당해도 '그래, 이 일도 하나님이 하시는 것일 거야'라고 낙관적으로 생각했고, 누구와 만나 좋은 일이 있어도 ‘그래, 이것도 하나님이 하신 일이지’ 하며 감사히 여겼습니다. 바로 이런 것이 QT Spirit으로 하루를 사는 모습입니다.

quiet time for beautiful life

# 나눔의 제 2 단계

나눔의 제 2단계는 변화된 삶입니다. QT하면서 받은 말씀대로 먼저 자신의 삶이 변하는 것이 나눔입니다. '내가 이런 말씀 받았다'고 사람들과 나누기 전에, QT를 통해 자기 삶이 변하는 게 나눔입니다. 그런데 구체적으로 어떤 부분이 변할까요?

**첫째, 예배를 회복합니다.**

이스라엘 백성의 광야 훈련 목표는 '예배하는 공동체'였습니다.

"그 후에 모세와 아론이 가서 바로에게 이르되 이스라엘 하나님 여호와의 말씀에 내 백성을 보내라 그들이 광야에서 내 앞에 절기를 지킬 것이니라 하셨나이다"(출 5:1).

"여호와께서 모세에게 이르시되 너는 바로에게 가서 그에게 이르기를 여호와의 말씀에 내 백성을 보내라 그들이 나를 섬길 것이니라"(출 8:1).

"그들이 광야에서 나를 섬길 것이다", "그들이 절기를 지킬 것이다", 이 표현은 모두 예배를 말하는 것입니다. QT가 광야생활과도 같은 우리 인생에서의 영성 훈련이라고 한다면, 하나님께서 QT를 통해 우리에게 기대하시는 것도 역시 하나님과의 교제 회복, 즉 예배 회복입니다. 그러니까 QT를 하면서 요즘 예배가 회복되고 있다면, 나눔을 제대로 하고 있는 것입니다.

우리는 온전한 예배를 회복하는 데 관심을 기울여야 합니다. 예배드릴 때마다 하나님이 '좋으신 하나님', '그러나 때때로 책망도 하시는 하나님', '하지만 결국은 격려하시는 하나님'으로 느껴져야 합니다. QT를 통해 구체적으로 만났던 그 하나님이 아주 가깝게 다가오는 예배의 회복을 경험해야 합니다.

**둘째, 자신의 내면이 치유받습니다.**

말씀을 통한 하나님과의 교제에는 필연적으로 치유가 동반됩니다. 하나님 말씀을 자꾸 만났는데도 내면이 치유되지 않는다면 말이 안 되는 것입니다. 말라기서 4장 2절을 보십시오.

"내 이름을 경외하는 너희에게는 해가 떠올라서 치료하는 광선을 발하리니 너희가 나가서 외양간에서 나온 송아지같이 뛰리라."

QT를 통해 하나님의 말씀을 받고 지속적인 치유를 경험하는 것도 나눔 현상 가운데 하나입니다. 자기 속에 있는 열등감, 자책감, 혹은 어떤 두려움들이 사라지는 것이 곧 나눔입니다.

**셋째, 인격이 변합니다.**

인격이 변한다는 것은 바로 성령의 아홉 가지 열매를 맺게 된다는 얘기입니다. 사랑, 희락, 화평, 오래 참음, 자비, 양선, 충성, 온유, 절제. 이 모두가 다 인격과 관계된 것들입니다. QT의 목적은 그리스도의 장성한 분량까지 그 성품이 자라는 데 있습니다. 내 삶이 변하는 데까지 가야 나눔입니다. 참아야 할 때는 참을 수 있어야 하는 것입니다.

quiet time for beautiful life

# 나눔의 제 3 단계

나눔의 제 3단계는 QT하면서 받은 은혜를 사람들과 대화하면서, 혹은 어떤 그리스도인 모임에서 나누는 것입니다. 보통 우리가 'Sharing'(나눔)이라고 말하는 것이 나눔의 세 번째 단계에 해당합니다. 주변에 이런 QT 나눔 모임이 있다면 그것은 너무도 엄청난 축복입니다. QT 나눔 모임 사람들과 자주 만나십시오. 그리고 지난 주 QT하면서 받은 것을 돌아가면서 나누고, 자기 삶을 이야기하고, 기도 부탁하면서 교제하십시오.

PRESS 방법 중에서 나눔에 해당하는 것이 마지막 S(Share with others what you have found, 받은 은혜를 다른 사람과 나누십시오)입니다. '자기가 받은 것을 다른 사람과 나누는 것', 즉 나한테 주신 말씀을 다른 사람과 나누는 것, 그럼으로써 자신이 하나님의 사랑과 축복과 은혜 가운데 있다는 것을 재확인하는 것, 이것이 바로 나눔이라는 것입니다.

# 나 눔 의 제 4 단 계

나눔의 제 4단계는 사역입니다. 하나님과의 교제가 깊어지고 하나님의 마음을 갖게 되면 당연히 그로부터 사역이 시작됩니다. 베드로전서 2장 9절을 보면 "… 이는 너희를 어두운 데서 불러내어 그의 기이한 빛에 들어가게 하신 자의 아름다운 덕을 선전하게 하려 하심이라"고 했습니다. 자연스럽게 구원에서 사역으로 넘어가지 않습니까? QT를 통해 받은 은혜를 가지고 다른 사람을 영적으로 도와주는 것이 바로 사역입니다.

고린도전서 14장 3절 말씀을 보십시오.

"그러나 예언하는 자는 사람에게 말하여 덕을 세우며 권면하며 안위하는 것이요."

여기 보면 예언하는 은사를 받은 사람이 해야 하는 사역의 특성 세 가지가 무엇입니까? 덕을 세우며, 권면하며, 안위하는 것입니다. 영어 단어로 얘기하면 Strengthening, Encouragement, Comfort, 이 세 가지입니다.

그런데 이런 일들은 바로 QT하는 사람들이 세상을 향해 하게 되는 일들 아닙니까? QT를 하면 하나님의 마음을 갖게 되기 때문에, 그 마음으로 사람들을 세우고 권면하고 안위할 수 있게 됩니다.

결국 예언하는 사람들이 덕을 세워 주고(강화시켜 주고), 격려해 주고, 위로하는 것처럼 QT하는 사람도 그런 일을 한다는 것입니다. 내가 받은 QT 말씀을 가지고 다른 사람을 격려해 주고 지지해 주고 위로하는 것이 QT하는 사람의 사역입니다. 이 정도면 'QT하는 사람은 예언하는 은사를 받았다'고도 말할 수 있지 않을까요?

덕을 세우고 격려하고 위로하는 등의 말씀으로 하는 사역 외에도 QT 사역은 더 넓게 확장될 수 있습니다. QT를 하다 보면 갑자기 긍휼의 마음이 생겨 그 사랑을 적용할 일을 찾게 됩니다. 또는 가정회복을 위해 나서야 할 필요성을 느끼기도 합니다. 이런 식으로, 해야 할 일들이 자꾸 보이는 것입니다. 나를 사용하시는 하나님의 음성을 듣기 때문입니다. 이처럼 QT하면서 감당하는 모든 사역이 바로 나눔입니다.

QT를 하다 보면 사역에 대한 소원이 생길 것입니다. 가르치는 사역을 해보고 싶다든가, 아니면 상담하는 사역을 해보고 싶다든가, 가정사역을 해보고 싶다든가 하는 여러 가지 바람이 생길 것입니다. 선교사님들과 많은 사역자들이 바로 QT를 통하여 사역의 열정을 공급받고 사역의 아이디어를 얻습니다. 이것이 QT의 나눔의 한 모습입니다.

quiet time for beautiful life

# 마 무 리 하 며

지금까지 공부한 것을 토대로 우선 한 주간 동안 매일 QT해 봅시다. 단 여기서 꼭 기억해야 할 것은 QT란 어떤 기계적인 방법으로 되는 게 아니라는 것입니다. '하나님과의 교제'라는 대원칙에 충실한 상태에서 자신에게 가장 편하고 감동스러우며 효과적인 방법으로 하면 됩니다. 지금까지 이야기한 것은 저 바닥에 보이지 않게 깔려 있어도 좋습니다. 틀을 잡아 주는 밑그림이라고나 할까요?

자, 기도하고 힘 있게 나갑시다!